LE ROI MARTYR,

ou

ESQUISSE

DU

PORTRAIT DE LOUIS XVI.

N'ayant cédé cet ouvrage à personne, je
déclare que j'en poursuivrai les contrefacteurs.

DE MOULIÈRES.

DE L'IMPRIMERIE DE J.-B. IMBERT.

LE ROI MARTYR,

OU

ESQUISSE

DU

PORTRAIT DE LOUIS XVI;

DÉDIÉE A SON EXCELLENCE

MONSIEUR LE DUC D'AUMONT,

Pair de France, Premier Gentilhomme de la Chambre du Roi, Lieutenant-Général des Armées de SA MAJESTÉ, etc.;

PAR A. J. R. D. B. DE MOULIÈRES,

De plusieurs Académies et Sociétés savantes et littéraires, Censeur royal honoraire.

On y a joint textuellement, comme monumens historiques :

Une Déclaration de l'Impératrice de Russie, après le meurtre du 21 janvier 1793;

Le Testament de Louis XVI;

Une Lettre de Louis XVIII à M. l'abbé de Firmont;

Les Procès-Verbaux d'exhumation et de translation à Saint-Denis, des précieux restes de Louis XVI et de la Reine Marie-Antoinette.

SECONDE ÉDITION,

Augmentée de la Loi sur le Deuil général du 21 janvier;

Du Discours de M. de Sèze, dans la séance de la Chambre des Pairs, du 9 janvier 1816;

De la Circulaire de Son Excellence le Ministre de l'Intérieur, concernant la lecture du Testament de Louis XVI;

Du Testament de la Reine Marie-Antoinette, etc. etc.

A PARIS,

Chez ALEXIS EYMERY, Libraire, rue Mazarine, n° 30.

1816.

A Son Excellence

Monsieur le Duc D'AUMONT,

Pair de France,

Premier Gentilhomme de la Chambre du ROI,

Lieutenant-Général des Armées de SA MAJESTÉ, etc.

Monsieur le Duc,

Il ne suffit pas, pour fixer l'attention du Public, que le titre d'un Ouvrage annonce un grand intérêt : il faut encore qu'un suffrage respectable le lui garantisse.

L'Esquisse du portrait de LOUIS XVI devait donc paraître sous les auspices d'un nom qui commandât la confiance générale.

Qui mieux que vous, Monsieur le Duc, peut l'inspirer ?

Dès l'âge le plus tendre vous avez fait vos premières armes dans les régimens DU ROI,

Infanterie, et DU ROI, Dragons, et vous y avez servi d'exemple à la Noblesse française.

Appelé, très-jeune encore, à remplir auprès du ROI l'éminente Charge de Premier Gentilhomme de la Chambre de SA MAJESTÉ, vous n'avez cessé de lui donner des preuves du plus pur et du plus inaltérable attachement.

A l'époque où la fidélité à son légitime Souverain était un crime, le 23 Février 1792, journée dite des poignards, vous faillîtes périr victime de votre zèle pour le ROI.

Peu de temps avant le 10 Août de la même année, vous ne cédâtes à l'ordre de vous séparer de SA MAJESTÉ, que pour vous consacrer, hors de la France, à sa défense et à celle du Trône. Trente-cinq ans de services militaires effectifs et non interrompus, attestent vos nobles efforts pour cette belle cause de laquelle vous n'avez jamais désespéré.

Lorsque le plus affreux attentat eut enlevé aux Français leur Souverain et leur Père, vous vous montrâtes, Monsieur le Duc, le digne petit-fils du Maréchal d'Aumont, qui, en 1589, à la mort D'HENRY III, fut le premier à rejoindre HENRY-LE-GRAND, et à combattre à ses côtés. Votre attachement pour LOUIS XVI se reporta tout entier sur LOUIS-LE-DÉSIRÉ, son AUGUSTE successeur : vous avez partagé le long exil de ce MONARQUE chéri, et vous en avez diminué la rigueur par votre inébranlable fidélité.

Premier Gentilhomme de service en 1814, votre affabilité donnait un nouveau prix aux paroles et aux bienfaits du ROI ; et la grâce avec laquelle vous annonciez les refus inévitables, faisait disparaître tout ce qu'ils avaient de pénible.

En 1815, votre zèle infatigable pour le service du ROI vous porta à accepter le commandement de la quatorzième division militaire, où votre présence avait, dans un court espace de temps, raffermi les bons, entraîné les tièdes et réduit les malveillans à l'impuissance.

La déplorable catastrophe qui replongea la France dans le deuil à la fin du mois de Mars dernier, vous fournit, Monsieur le Duc, l'occasion de faire briller d'un nouvel éclat votre attachement au légitime Monarque des Français. Vous êtes descendu, à la tête d'un petit nombre de braves, sur les côtes de la belle et populeuse Normandie, qui vous nomme hautement son sauveur. Là, vous protégez les fidèles amis du ROI ; vous ramenez au devoir les Troupes égarées par les agens de l'usurpateur. Là, votre expérience, votre présence d'esprit et votre bravoure compriment les agitateurs, font avorter leurs projets ; et tandis que SA MAJESTÉ se rapprochait de sa Capitale , au milieu des acclamations des Français au nord du Royaume, vous faites proclamer et bénir son nom dans ses plus belles provinces de l'Ouest.

Vos importans et glorieux services, Monsieur le Duc, rendent plus flatteuse et plus honorable la grâce que VOTRE EXCELLENCE a daigné me faire en agréant la dédicace de cet Ouvrage, et m'imposent tout à la fois le sentiment de l'admiration et celui de la reconnaissance.

Je suis avec un très-profond respect,

Monsieur le Duc,

DE VOTRE EXCELLENCE,

Le très-humble et très-obéissant Serviteur,

A. J. R. D. B. DE MOULIÈRES.

AVIS

ESSENTIEL

SUR

LE BUT DE CET OUVRAGE.

Nous nous sommes proposé, dans cet écrit, de présenter aux générations futures, un Essai sur les éminentes vertus de Louis XVI.

Pour n'être pas accusés de prévention, de mensonge, de flatterie, dans l'Esquisse du portait de cet infortuné Monarque, nous le ferons connaître surtout par ses actions, ses paroles et ses écrits, dans les différentes situations où il s'est trouvé depuis sa naissance jusqu'au jour de son martyre.

Le but à la fois moral et politique de cet ouvrage, est de transmettre à la postérité quelques détails aussi exacts qu'intéressans sur ce saint Roi, dont le nom ne sera jamais prononcé qu'avec vénération et attendrissement;

De donner une juste idée de la patience,

du courage, de la résignation dont l'homme est capable dans les plus cruelles souffrances, quand la religion le soutient et le console ;

Et d'inspirer aux jeunes gens l'amour de la vertu, en fixant leurs regards sur le tableau des biens réels qu'elle procure, même dans les circonstances les plus affreuses de la vie.

Nous pensons qu'un ouvrage aussi utile doit être soigneusement conservé dans toutes les familles des bons Français, pour l'instruction et l'exemple de nos descendans, afin de prévenir le retour des innombrables calamités dont nous avons été les témoins depuis vingt-cinq ans.

Nota. Il nous aurait été facile d'ajouter à cet ouvrage beaucoup d'autres détails qui en auraient fait un gros volume ; mais nous avons voulu, par la modicité de son prix, lui donner une plus grande publicité.

AVERTISSEMENT

SUR CETTE SECONDE ÉDITION.

L'Esquisse du Portrait de Louis XVI, ouvrage que nous avons eu l'honneur de présenter au Roi et à la Famille Royale, a été si favorablement accueillie, qu'en moins d'un mois, la première édition a été enlevée.

En offrant cette Esquisse aux Français, nous avons voulu faire connaître le Roi martyr à tous ceux qui n'en ont qu'une fausse idée, c'est-à-dire, à la majeure partie de la population actuelle.

Le succès a passé notre espérance. La lecture de cet ouvrage, nous en avons eu nombre de preuves, a ouvert les yeux à une infinité de personnes sur les vertus surnaturelles du saint Roi.

Il en est beaucoup qui ont été frappées de la ressemblance morale de Louis XVI et de Louis XVIII, également doués d'une divine clémence, d'une inépuisable bonté, d'une générosité sans bornes, et d'un amour vraiment paternel pour le peuple Français.

D'après le contraste de ce touchant tableau avec le caractère farouche et sangui-

naire de l'usurpateur, les Français, long-
temps trompés, reviennent, d'eux-mêmes, à
l'amour pour le sang tutélaire des BOURBONS,
noble sentiment qui fit pendant neuf siècles
la force de l'Etat, et qui avait acquis à la
nation française l'estime particulière de
toutes les nations de l'Europe.

Les heureux effets qu'a produits cet ouvrage sur l'esprit public, nous ont engagé à
le faire réimprimer avec quelques additions
qui complettent le recueil de toutes les dispositions concernant le douloureux anniversaire du 21 janvier.

Nous terminerons en invitant les parens
et les instituteurs à mettre cet écrit dans les
mains des enfans. Les excellens principes
qu'ils y puiseront ne pourront qu'être très-
utiles et à eux et à la société. C'est surtout
en prenant les générations au berceau, et
en choisissant de bons élémens pour la première instruction, que l'on peut retremper
l'esprit public, et réparer peu à peu les maux
de toute espèce que traînent à leur suite les
faux et dangereux principes de la philosophie
moderne.

ESQUISSE

DU

PORTRAIT DE LOUIS XVI.

Louis XVI, Roi de France et de Navarre, né
le 23 août 1754, troisième fils de *Louis, Dau-*
phin, et de Marie-Joséphine de Saxe, sa seconde femme, fut nommé *Duc de Berry*. M. le
Dauphin avait eu, auparavant, M. le duc de
Bourgogne et M. le duc d'Aquitaine, qui mou-
rurent fort jeunes. Il eut ensuite, Louis-Sta-
nislas-Xavier, *Comte de Provence*, aujour-
d'hui Louis XVIII; et *Charles-Philippe*,
Comte d'Artois, aujourd'hui Monsieur.

Au moment de la naissance de M. le *duc de*
Berry, la Cour était à Choisy, et madame la
Dauphine était presque seule à Versailles. Aucun éclat ne marqua cet événement. Le courrier
chargé d'en porter la nouvelle au Roi, fut ren-
versé par son cheval, et mourut, peu de momens après, des suites de sa chute. Le peuple
considéra cet accident comme un présage funeste.

L'enfance de M. le *duc de Berry* fut confiée, ainsi que celle de ses deux frères puînés, à madame la Comtesse *de Marsan* (1). La faiblesse de son tempérament, et l'état habituel d'infirmité dans lequel il passa les premières années de sa vie, exigeaient des soins particuliers et un service pénible. L'enfant appréciait ces attentions, et payait d'un tendre retour toutes les personnes qui compatissaient à ses maux. Ce furent là, sans doute, les premiers indices de ce fond de sensibilité, de ce germe de bonté, sentimens précieux qui faisaient, dès-lors, la base de son caractère.

Docile à toutes les impressions du bien, il annonça de bonne heure du jugement, de la franchise, de la droiture. Le prompt développement de ses facultés morales engagea M. le *Dauphin* à le mettre entre les mains des hommes, dès l'âge de six ans, c'est-à-dire un an avant l'époque réglée par l'usage. M. le *duc de Berry* fut profondément affligé de sa séparation d'avec madame de *Marsan*; et il conserva ce pénible sentiment, pendant long-temps, dans toute sa vivacité, malgré tous les moyens que l'on employa pour le distraire.

---

(1) Marie-Louise de Rohan-Soubise, douairière de Gaston-Jean-Baptiste-Charles, *né prince de Lorraine,* *Comte de Marsan.*

(15)

M. le *Dauphin*, dont les grandes qualités et le rare mérite ont été peu connus, par le soin qu'il prenait de les cacher, était, en quelque sorte, le premier instituteur de ses enfans, surveillait par lui-même leur éducation, et s'en faisait adorer.

A sa mort, arrivée en 1765, M. le *duc de Berry*, alors âgé de onze ans, éprouva une douleur excessive. Le duc de Bourgogne et le duc d'Aquitaine étant morts avant M. le *Dauphin*, M. le *duc de Berry*, comme l'aîné des trois Princes vivans, succédait au titre de son père. Lorsqu'en traversant les appartemens il entendit pour la première fois, les Suisses avertir de son passage, en disant : M. le *Dauphin*, messieurs ; ses larmes coulèrent en si grande abondance, son émotion fut si vive, qu'il s'évanouit.

M. le *duc de Berry*, que nous nommerons désormais M. le *Dauphin*, marqua, dès son jeune âge, un éloignement très-prononcé pour la fausseté, la dissimulation. Il n'aimait pas les complimens, et n'en faisait jamais. Cette manière d'être avait quelque chose d'étrange à la Cour, et lui donna un vernis de rudesse aux yeux des courtisans, et de tous ceux qui, ne le voyant pas dans son intérieur, ne pouvaient apprécier ses excellentes qualités.

Le 16 mai 1770, M. le *Dauphin* épousa *Ma-*

rie-Antoinette, archiduchesse d'Autriche. Il y eut à la Cour des fêtes brillantes, et la Capitale fit de grands préparatifs pour celle qu'elle devait donner le dimanche 3o mai.

Un grand feu d'artifice devait être tiré au milieu de la place Louis XV. L'échafaudage qui portait l'artifice était masqué par des décorations en toile peinte, représentant le temple de l'Hymen, ayant plus de cent pieds de hauteur. Une foule immense s'était portée sur la place, d'abord pour bien voir le feu ; ensuite pour aller de là, en passant par la rue Royale, jouir des belles illuminations des boulevards. Une foule non moins considérable s'était portée aux boulevards, pour venir, par le même chemin, voir, après le feu, les superbes illuminations de la place Louis XV.

A peine le feu était-il tiré, que ces deux masses effrayantes se mirent en mouvement, semblables au torrent qui renverse tout ce qu'il rencontre sur son passage ; et comme elles se dirigeaient en sens contraire, elles occasionnèrent dans la rue Royale, un engorgement, d'où il résulta un grand tumulte et des accidens de toute espèce. Nombre de personnes furent étouffées, d'autres foulées aux pieds. On a beaucoup exagéré le nombre des victimes de ce funeste événement. La vérité est qu'il y périt environ deux cents personnes, et qu'il y en eut à-peu-près le double de blessées plus ou moins dangereusement.

Si la mort du courrier avait inspiré des craintes pour l'avenir, sur le sort personnel du *duc de Berry*, ce nouveau malheur frappa bien davantage les esprits, et fut regardé comme un très-mauvais augure pour le règne de ce Prince, appelé à monter un jour sur le trône. Il en fut lui-même extraordinairement affecté. Le lendemain matin, 31 mai, on lui apporta 6000 *fr.* en or ; c'était le paiement du mois de juin, de sa pension pour ses menues dépenses. Un moment après il fait appeler un page, lui donne les 6000 francs, avec une lettre pour M. de *Sartine*, alors Lieutenant général de police, et lui recommande le silence le plus absolu sur cette commission. Le page rapporte une réponse ; le Prince la déchire. Le magistrat n'ayant pas reçu l'ordre de garder le secret, fit lire à quelques amis la lettre de M. le *Dauphin*, dont on s'empressa de demander des copies. La voici : « J'ai appris le malheur arrivé » à Paris à mon occasion ; j'en suis inconsolable. » On m'apporte en ce moment ce que le Roi » m'accorde tous les mois pour mes menus plai- » sirs ; c'est tout ce dont je puis disposer : je » vous l'envoie ; secourez les plus malheureux.

2

» Vous connaissez, monsieur, mon estime pour
» vous, *Signé*, Louis-Auguste. »

Pendant la nuit du 30 au 31 mai, un ouragan
effroyable vint fondre sur la ville de Paris ; des
bateaux sont brisés contre les murs où ils sont
amarrés ; de grands arbres sont déracinés, des
cheminées sont renversées, et le temple de l'Hymen, figurativement élevé au milieu de la place
Louis XV, est détruit par la force du vent ; ce
qui fut encore vu comme un sinistre présage.
Hélas ! les événemens les plus affreux n'ont que
trop justifié les craintes inspirées par les divers
accidens dont on vient de parler ! Quel Prince,
néanmoins, a jamais plus mérité d'être heureux
que celui qui donna constamment l'exemple
de toutes les vertus, qui fut l'ami le plus sensible, le plus humain, le plus bienfaisant que
le peuple ait jamais eu sur le trône !

L'histoire, qui ne devrait présenter que la
plus exacte vérité, embellit quelquefois le récit
des grandes actions, les sentimens, et même les
paroles des monarques. Nous n'emprunterons
pas ce langage adulateur : *Louis XVI* ne
l'aimait pas ; nous respecterons sa pensée. Nous
ne le peindrons que par ses actions, ses paroles
et ses écrits. Les bornes que nous nous sommes
prescrites ne nous permettent pas d'entrer dans
tous les détails qu'exigerait une vie entièrement

consacrée à la pratique de toutes les vertus ; nous rasemblerons quelques traits. Nous n'avons promis qu'une esquisse : nous n'aurons pas la témérité d'entreprendre un portrait en grand.

La comtesse *Dubarry*, qui a terni les dernières années de Louis XV, s'étant mise en tête d'avoir madame la *Dauphine* à souper, lui en fit faire l'invitation *au nom du Roi*. M. le *Dauphin* se rend sur-le-champ chez son aïeul, et lui dit avec une respectueuse fermeté : « SIRE, » ma tendresse pour vous n'aura jamais de » bornes. Vous pouvez mettre ma soumission » et mon respect à toutes sortes d'épreuves ; » mais madame la *Dauphine* est ma femme, et » Votre Majesté sentira qu'il est de mon inté- » rêt, comme de mon devoir, de la juger dé- » placée chez madame la comtesse Dubarry. »

Louis XV, rendant intérieurement justice à la délicatesse de son petit-fils, ne s'offensa pas de la représentation, et le souper n'eut pas lieu.

M. le *Dauphin* ayant appris qu'un gentilhomme, dont il connaissait la conduite licencieuse, voulait être placé dans sa maison, dit un jour publiquement : « Si M...... parvient » à obtenir la charge qu'il sollicite, il aura un » double avantage, celui de la charge, et la » dispense du service. » Le courtisan, bientôt iustruit des dispositions du Prince à son égard, ne voulut pas s'exposer à cet affront.

Toutes les personnes attachées au service de M. le *Dauphin*, et celles qui ont eu l'honneur de vivre dans son intimité, s'accordent sur son inépuisable bonté, sur son caractère doux, affable, compatissant, sur son amour pour la droiture et la vérité, sur son horreur pour le vice et la duplicité.

Il aimait passionnément la lecture, et faisait souvent des notes marginales, qui toutes se rapportaient, dès ce temps-là, *au principal objet de ses plus chères affections, le bonheur du peuple français.* Il savait très-bien l'anglais et l'italien. Il a traduit de l'anglais trois ouvrages.

Le premier était l'*Histoire de la chute de Charles I*er, par *Hume.* Par quelle fatalité son premier choix tomba-t-il sur un trait d'histoire aussi horrible, et qui semblait, en quelque sorte, lui présenter dès-lors, comme dans un miroir magique, l'affreux spectacle de sa propre destinée?

Le second est intitulé : *Les Doutes historiques sur les crimes imputés à Richard III,* par *Horace Walpole.*

Le troisième est l'*Histoire de la Décadence de l'Empire Romain,* par *Gibbon.* Après en avoir traduit cinq volumes, M. le *Dauphin,*

ne voulant pas être connu , chargea M. *Le Clerc de Sept-Chênes*, son lecteur du cabinet, de les faire imprimer sous son nom. M. *de Sept-Chênes* ayant prié M. le garde des sceaux de lui donner un censeur, l'ouvrage fut envoyé à l'*abbé Aubert*, qui le rendit avec une approbation motivée et distinguée. Environ deux ans après, M. le *Comte de Vergennes* , ministre des affaires étrangères , fait demander le censeur de l'ouvrage ; l'*abbé Aubert* se rend chez le ministre, qui, en lui en remettant un exemplaire, relié en maroquin rouge, et doré sur tranche, lui dit : « Je suis chargé par le tra-
» ducteur de vous remettre cet exemplaire,
» pour vous remercier de l'examen que vous
» avez pris la peine de faire de sa traduction, et
» de l'approbation que vous lui avez donnée. »
Sur l'observation du censeur, que M. *Le Clerc de Sept-Chênes* aurait pu se dispenser de la magnificence de la reliure, M. *de Vergennes* lui dit : « C'est M. le *Dauphin* qui est le véritable
» traducteur, et qui m'a chargé de vous faire ce
» cadeau en son nom (1). »

Louis XV , qui, d'après son âge , pouvait

______

(1) Nous tenons cette anecdote de l'abbé *Aubert* lui-même, qui nous a montré plus d'une fois ce précieux exemplaire, auquel il attachait le plus grand prix.

se promettre encore bien des années d'exis-
tence, est frappé tout-à-coup d'une maladie
mortelle et contagieuse. M. le *Dauphin*, n'é-
coutant que sa tendresse, ne voulait pas quitter
le Roi; il fallut, pour l'y forcer, un ordre absolu
de Sa Majesté. Le danger ayant augmenté,
M le *Dauphin* écrivit sur-le-champ la lettre
suivante :

« Je vous prie, M. le contrôleur général,
» de distribuer, DANS LA MINUTE, *deux*
» *cent mille livres aux pauvres*, afin qu'ils
» prient pour la conservation du Roi. Si vous
» trouvez que la distraction de cette somme
» puisse nuire à vos arrangemens, VOUS LA
» RETIENDREZ SUR NOS PENSIONS.

» LOUIS, DAUPHIN. »

Louis XV, encore gouverné par les passions
de la jeunesse, dans l'âge où le bon sens les
réprouve, quand la nature ne les a pas éteintes,
ne fut pas regretté.

Louis XVI, n'ayant que des inclinations
vertueuses, et s'étant fortement prononcé contre l'irréligion et le relâchement des mœurs,
fit entrevoir le règne du bonheur. On lut avec
un vif intérêt la lettre que ce Prince écrivit à
M. le comte de *Maurepas*, le lendemain de
la mort de *Louis XV*.

« Dans la juste douleur qui m'accable , et
» que je partage avec tout le royaume , j'ai de
» grands devoirs à remplir : *je suis Roi !* ...
» Ce mot renferme toutes mes obligations. Mais
» je n'ai que vingt ans , et n'ai pas toutes les
» connaissances qui me sont nécessaires. De
» plus , je ne peux voir aucun ministre , tous
» ayant approché le feu Roi pendant sa cruelle
» maladie (1). La certitude que j'ai de votre
» probité et de votre profonde connaissance des
» affaires , m'engage à vous prier de m'aider
» de vos conseils. Venez donc le plutôt qu'il
» vous sera possible ; vous me ferez grand
» plaisir.

» LOUIS. »

Malheureusement , M. de Maurepas , alors
âgé de soixante-quatorze ans , toujours léger ,
superficiel, profondément dissimulé , très-égoïste,
et plus occupé des intrigues de Cour que du
bonheur public , ne répondit pas à l'attente du
monarque. Il lui fit faire , en administration ,
des fautes que le Roi n'aurait certainement pas
faites , tout jeune qu'il était, s'il n'eût consulté
que son excellent jugement.

____

(1) *Louis XV* venait de mourir de la petite vérole.
On prenait toutes les précautions nécessaires pour éloigner de *Louis XVI* cette dangereuse maladie.

En montant sur le trône, *Louis XVI* annonça
que la justice serait la règle invariable de sa
conduite, et l'on a défié ses plus ardens ennemis
de citer une seule injustice commise sous son
règne, *qui lui ait été personnelle.*

Il existait un parfait accord entre ses qualités morales et son extérieur. Son abord attes-
tait la sérénité d'une âme pure , d'un cœur
exempt de passions. Sérieux sans froideur avec
les étrangers, il laissait paraître une douce
gaîté avec les personnes qu'il connaissait. La
bonté se peignait dans ses regards , et la
noblesse ainsi que la candeur dans tous ses
traits. Dans le commerce intime et le service
domestique, un sourire gracieux annonçait la
plus douce affabilité. Quand il parlait en public,
il savait prendre un ton de dignité qui commandait l'attention et le respect.

Le peuple aimait en *Louis XVI* ses goûts
simples , sa popularité, son économie, le désir
qu'il lui connaissait de son soulagement et de
sa prospérité ; il aimait en lui son sincère attachement à la religion, et une pureté de mœurs
exemplaire.

Le public avait conçu de telles espérances
des heureuses qualités et des bienfaisantes dispositions de cet aimable Prince, que chaque
jour voyait éclore de nouveaux témoignages de

l'amour des Français pour le successeur de *Louis XV.*

On trouva, un matin, sur le piédestal de la statue d'Henri IV, au Pont-Neuf, ce mot si expressif : *Resurrexit* (il est ressuscité).

Une estampe offrait les médaillons de *Louis XII,* père du peuple, et du bon *Henri IV,* les deux rois les plus chers aux Français. Au-dessous, entre les deux, était celui du jeune Roi, avec cette inscription : XII et IV font XVI, allégorie très-ingénieuse.

Le sentiment qu'inspirait *Louis XVI* était si général, si vrai, que *Gustave III,* roi de Suède, souvent témoin, pendant son séjour en France, de l'enthousiasme des Français, dit, en partant : « Dans ce pays, où tout est » beau, je n'ai rien vu de si beau que l'amour » des Français pour leur Roi. »

On croit devoir placer ici une anecdote très-remarquable.

Lorsque *Louis XVI,* accompagné de la Reine, fit son entrée dans la capitale, il alla, suivant l'usage, à Sainte-Geneviève. Passant devant la porte du fameux collége de Louis-le-Grand, LL. MM. consentirent à suspendre un instant leur marche, pour recevoir l'hommage des nombreux écoliers de cet établissement.

Parmi cette immense quantité de disciples, qui tous aspiraient à l'honneur de prononcer la harangue, le choix tomba sur *Robespierre*. En traçant cet exécrable nom, j'éprouve un frissonnement d'horreur !..... Qui aurait pu imaginer alors que ce jeune homme deviendrait le plus grand des scélérats, et parviendrait un jour à faire périr sur l'échafaud l'auguste Prince qui avait daigné accueillir, avec la plus grande bonté, l'hommage présenté par ce monstre !!!

Un ouvrage, alors oublié, de l'illustre archevêque de Cambrai, tombe entre les mains du jeune Monarque ; il le lit, le médite, et, comme pour se mettre dans l'heureuse impuissance de méconnaître ou négliger ses devoirs, consignés dans cet ouvrage, il forme le généreux projet d'appeler l'attention de ses sujets sur les obligations qu'impose la royauté, et de leur en mettre lui-même le tableau sous les yeux. Il montre à M. l'abbé *Soldini*, son confesseur, un vieux exemplaire des *Directions pour la conscience d'un Roi*, par *Fénélon*, en lui disant : « Voici un bien bon livre ; pour-
» quoi donc est-il si rare ! je sais qu'on ne le
» trouve nulle part. — Sire, répond l'abbé, c'est
» qu'il renferme bon nombre de ces vérités fortes,
» qu'il importe autant aux Rois de savoir,

» qu'aux courtisans de les leur laisser ignorer.—
» Eh bien ! lui dit *Louis*, *comme je suis ré-*
» *solu de remplir tous mes devoirs*, je n'ai pas
» d'intérêt d'en faire un mystère au public. Il
» serait fâcheux, d'ailleurs, pour mes succes-
» seurs, qu'un aussi bon livre vînt à se perdre.
» Faites-moi le plaisir de le faire réimprimer. »
L'abbé *Soldini* obéit.

Ce trait, *seul*, suffit pour caractériser le jeune
Roi, et pour prouver que le bonheur des Français était le principal objet de ses pensées.

Écoutons ce bon Roi, parlant à ses ministres, dans le premier Conseil d'Etat qu'il tint.

« Ma juste douleur, messieurs, cède aux de-
» voirs de la royauté. Je vous ai appelés pour
» vous instruire de mes intentions. Indépen-
» damment des Conseils, où je me promets d'as-
» sister régulièrement, et où j'appellerai les
» personnes qui m'en auront paru dignes par
» leur zèle et leurs lumières, que chacun de vous
» se tienne prêt, aux heures que j'indiquerai,
» à me rendre un compte, clair et exact, de
» son département, et à prendre mes ordres
» pour la suite des opérations qui y seront rela-
» tives. COMME JE NE VEUX M'OCCUPER QUE DE
» LA PROSPÉRITÉ DE MON ROYAUME, ET DU BON-
» HEUR DE MES SUJETS, *ce n'est qu'en vous*
» *conformant à mes principes que votre tra-*

» *vail aura mon approbation.* C'EST DANS LA
» FÉLICITÉ DU PEUPLE QUE JE METS MA GLOIRE.
» LE BIEN QUE JE POURRAI LUI FAIRE SERA LA
» PLUS DOUCE RÉCOMPENSE DE MES SOINS. »

Le désir de la félicité publique, qui était une véritable passion chez cet excellent Prince, le porta à recueillir, dans un registre, ses observations sur les principaux événemens de son règne, et sur les résultats des dispositions faites dans chaque partie de l'administration générale. C'était une sorte de compte rendu à sa conscience, de ses projets, de ses vues, de ses motifs dans tout ce qu'il ordonnait. Ce recueil, si intéressant, si précieux, existait dans sa bibliothèque, et en a disparu lorsque ceux qui en voulaient à son autorité et à sa vie, s'emparèrent de tout ce qui aurait pu mettre ses vertus au grand jour, et intéresser le public en sa faveur.

L'excessive modestie de *Louis XVI* étouffait malheureusement le sentiment de ses facultés morales. Une défiance extrême de ses lumières lui commandait la déférence pour des avis souvent moins sages, moins utiles que les siens. La crainte de compromettre les intérêts du peuple était la seule cause de sa timidité, de sa confiance en autrui dans les affaires importantes.

Cet amour de la justice que *Louis* avait montré dès son avènement au trône, et dont il donna tant de preuves, frappa d'étonnement un nouveau ministre de la guerre, M. le *Prince de Montbarey*, le premier jour de son travail avec le Roi. Le ministre lui présente une longue liste de jeunes gens à placer dans des régimens. Tous étaient annoncés comme bien instruits, et remplis de bonne volonté ; et plusieurs étant puissamment recommandés, le ministre avait écrit, à côté de leur nom, celui de leur patron. Comme le nombre des places à accorder n'égalait pas, à beaucoup près, le nombre des aspirans, *Louis* efface de la liste tous ceux qu'il voit protégés par la *Reine*, par *Monsieur*, par *Monseigneur*, *Comte d'Artois*, et par des Grands. Le ministre ayant cru pouvoir se permettre une observation à ce sujet : « Eh ! monsieur, lui dit le Roi, ne
» voyez-vous pas que ceux qui ont de si bons
» appuis, sauront toujours se tirer d'affaire,
» et qu'il est juste que *moi, père commun de*
» *mes sujets,* je m'établisse le protecteur
» de ceux que je vois dénués de toute pro-
» tection. »

En morale, comme dans les affaires, *Louis* annonçait une grande justesse d'esprit, et le goût du vrai. *L'abbé de Radonvilliers* lui lisait

un journal où l'on exaltait beaucoup les lumières du dix-huitième siècle. « Oui , précieuses lu-
» mières , dit le Roi , qui font briller nos vices
» et nos travers. »

Une autre fois un courtisan parlait , en sa présence , du mérite de *Voltaire* , qu'il qualifiait d'*universel*. « *Universel pour le mal* , » dit *Louis*. Le courtisan s'empressa d'ajouter qu'il ne prétendait parler que du mérite littéraire et de l'esprit. « Eh bien ! répliqua à l'instant
» le Monarque , à ne considérer que l'esprit ,
» j'en trouve fort peu à l'homme de lettres
» qui n'en a pas assez *pour se concilier l'es-*
» *time des lecteurs honnêtes , amis de l'ordre*
» *et de la vérité.* »

L'occasion se présenta à ce Prince , de manifester son opinion sur les œuvres du patriarche des philosophes modernes. Le jugement qu'il en porta sera sans doute , un jour , celui de la postérité éclairée par l'expérience , sur les dangereux principes de cet auteur. *Voltaire* avait laissé , par sa mort , une place vacante à l'Académie française. *L'abbé de Radonvilliers* , prêtre et sous précepteur de *Louis XVI* , fut nommé à cette place. Suivant un usage de l'Académie , le récipiendaire est obligé de faire l'éloge de son prédécesseur et de ses écrits. L'abbé , fort embarrassé , et ne pouvant se soustraire à cette obligation , parla du chef des philosophes modernes et de ses ouvrages , avec une réserve qui déplut beaucoup à l'Académie. Le discours ayant été imprimé et présenté au Roi , ce prince en lut une partie en présence de l'auteur ; et, frappé d'une phrase où il souhaite qu'une main amie, « en retranchant des écrits de *Voltaire* » *tout ce qui blesse la religion* , *les mœurs* » *et les lois* , efface la tache qui ternirait sa » gloire, » il dit à l'orateur : « Mais tout cela » retranché, monsieur, il resterait bien peu de » chose. » Puis , en logicien plus exact que son maître, il ajouta : « Et d'ailleurs, si ce retran‑ » chement posthume *effaçait la tache du livre*, » *il n'effacerait pas celle de l'auteur.* »

Pour donner une dernière preuve de la justesse d'esprit de *Louis XVI* , dans son opinion sur les œuvres du dictateur du Par‑ nasse français , on citera encore un trait bien remarquable.

Peu de temps après la mort de *Voltaire* , ses principaux sectateurs voulurent élever à ce corrupteur de la société , ce qu'ils appelaient un monument digne de lui , de sa nation et de son siècle, dans la collection complette de ses œuvres. Ils ramassèrent , dit un auteur très‑ estimable, jusqu'aux moindres immondices de leur grand Lama , et confièrent à deux de ses plus zélés partisans , *Condorcet* et *Beaumarchais* , le soin d'en empoisonner le public. Les éditeurs avaient compté sur les intelligences qu'ils avaient dans le conseil de *Louis XVI*; mais , par les mesures sévères qu'ordonna ce Prince , il ne leur resta de ressource que d'aller enfanter chez l'étranger le monstre conçu en France , et il naquit au fort de Kell. Le Rhin n'opposait qu'une bien faible barrière au fanatisme philosophiste , qui s'empressa de se procurer le *Voltaire complet*.

Louis , intimement convaincu des dangereux effets des principes novateurs et anti‑sociaux de ce perturbateur du repos public , en proscrivit les productions , *comme outrageant également la religion et les mœurs* , et TENDANT A ÉBRANLER LES PRINCIPES FONDAMENTAUX DE L'ORDRE SOCIAL. Hélas ! l'horrible attentat du 21 janvier 1793 , et les innombrables calamités dont il a été précédé et suivi dans toute la France , n'ont que trop vérifié la sagesse de ce prophétique jugement.

Louis savait allier à la justesse d'esprit, qui apprécie le mérite , la délicatesse qui ajoute au prix des grâces , des faveurs.

Dans le voyage de ce Prince à Cherbourg , M. d'*Albert de Rioms* , chief d'escadre , lui présenta le bras pour l'aider à monter sur son vaisseau. Le Roi , avant de mettre le pied dans le bâtiment, s'arrête , et lui dit : « M. de *Rioms*, » je suis bien aise de vous prévenir d'une chose, » c'est que quand je monte un vaisseau , j'en- » tends que ce soit celui d'un *lieutenant-* » *général.* »

M. le bailli de *Suffren* , au retour de sa brillante campagne dans l'Inde, est mandé à Versailles. Il va au château , s'informer de l'heure à laquelle il pourra être présenté. Le Roi était à dîner avec la Reine. Il apprend que M. de *Suffren* est dans le salon attenant à la salle à manger ; il quitte la table, va le chercher, le prend par la main , et, le présentant à la Reine , lui dit : « Vous voyez, Madame , le » meilleur de mes officiers. » Puis il ajoute : « Je doute, M. de *Suffren* , que je puisse vous » rendre aussi content de moi que je le suis de » vous. Mon premier gentilhomme de la cham- » bre ne manquera pas de vous dire que je vous » accorde les entrées ; M. de *Castries* (alors » ministre de la marine), que je vous fais vice- » amiral de l'Inde ; mais je n'ai voulu partager » avec personne le plaisir de vous dire que je » vous donne le cordon bleu. »

On chercherait en vain, dans les trois dynas- ties , un Prince plus constamment occupé du bonheur de ses sujets. L'amour de son peuple était le sentiment habituel, on pourrait même dire, l'unique passion de son cœur, le mobile de toutes ses actions, le but de tous ses projets, la matière inépuisable de ses conversations. Toutes ses méditations tendaient au soulagement du peuple, aux progrès de l'industrie et des arts, à l'extension du commerce, enfin à tous les avantages dont l'ensemble compose la félicité publique et le bien-être particulier.

Loin de penser comme les Princes qui ne connaissent d'autre gloire que celle des armes, l'effusion du sang était pour *Louis* une source de peine et de chagrin. Un jour que M. le *comte de Vergennes*, en l'absence du ministre de la marine, lui annonçait un avantage remporté sur la flotte anglaise, « Je ne peux, lui dit » le Roi, me réjouir d'une victoire, QUAND JE » SONGE AU SANG QU'ELLE A COUTÉ. Puisse donc » *ce succès être la dernière de mes peines,* » *et nous amener la paix !* »

Depuis, dans une de ces malheureuses journées trop souvent renouvelées dans le cours de la révolution, on donnait à *Louis* des conseils énergiques : « *S'il faut*, dit-il tout-à-coup avec » émotion et avec force, UNE SEULE GOUTTE DU » SANG DE MON PEUPLE POUR FAIRE TRIOMPHER » MA CAUSE, JE DÉFENDS QU'ON LA VERSE. » — Et c'est ce même Monarque que d'infâmes régicides ont osé accuser d'avoir fait couler à grands flots le sang des Français !!!

Si nous voulions faire connaître tous les actes de bienfaisance que ce bon Roi exerça, un volume ne les contiendrait pas; l'énumération en serait même impossible, car il prenait souvent, pour dérober ses bonnes actions à la connaissance de ceux qui l'entouraient, plus de soins que beaucoup de gens n'en prennent pour cacher celles qui les déshonorent. Jamais l'indigence ne lui demanda sans obtenir. Sa cassette était bien réellement la caisse des pauvres.

Les besoins du petit peuple de Paris étaient toujours présens à sa pensée. Dans un hiver rigoureux, il fit, *de son propre mouvement*, payer la capitation de tous ceux qui étaient taxés *à six francs* et *au-dessous*.

A une autre époque, il fit mettre en liberté, après avoir fait payer ce qu'ils devaient, *tous les ouvriers détenus pour mois de nourrice*.

Dans une autre circonstance pénible pour le pauvre peuple, il fit verser un million dans la caisse du Mont-de-Piété, et, d'après ses ordres, cette somme fut employée à dégager tous les effets sur lesquels on n'avait prêté que de petites sommes.

Aussi, partout où le jeune Monarque était aperçu, il excitait des transports de la joie la

plus franche ; partout il recueillait les béné-
dictions du peuple, dont il se montrait si bien le
père. Les Français , VÉRITABLEMENT LIBRES
ALORS , *et tous réunis par un même sentiment*,
ne suivaient que le mouvement de leur cœur, en
multipliant les témoignages de leur amour pour
un Prince qui le méritait à tant de titres.

Non, il n'était point de Monarque aussi tendrement aimé de son peuple ; c'est ce dont *Louis*
eut lieu d'être convaincu dans le voyage qu'il fit
à Cherbourg, pour aller voir le port qu'il a
créé *de lui-même*, et qui sera un jour si utile à
la marine royale. Ce voyage fut une marche
triomphale d'un bout à l'autre. Il pourrait nous
fournir des détails très-intéressans ; mais nous
nous bornerons à une des lettres de *Louis* à la
Reine.

« *L'amour de mon peuple*, lui écrivait-il
» de Cherbourg, *à retenti jusqu'au fond de*
» *mon cœur !* JUGEZ S'IL EST AU MONDE UN ROI
» PLUS HEUREUX QUE MOI ! *Non, jamais je n'ai*
» *senti le plaisir de l'être comme au milieu*
» *de mes bons Normands !* »

Quelle touchante sensibilité ! Voilà le véritable
style du cœur ! Combien il est plus précieux encore sous la plume d'un Roi !

Des dépenses plus considérables que les re-
cettes avaient occasionné de l'embarras dans les

finances. Deux moyens sont proposés pour rétablir le niveau. Deux édits sont envoyés au parlement de Paris, l'un pour établir l'impôt territorial sur toutes les propriétés foncières, sans égard aux priviléges qui faisaient peser tout l'impôt sur le peuple ; l'autre pour donner une grande extension au droit de timbre. Le parlement, qui voit ses priviléges attaqués et ses terres participant désormais à la charge des contributions, refuse l'enregistrement des deux édits, et met ainsi le gouvernement dans le plus grand embarras. De là la nécessité de recourir à de nouveaux moyens ; on n'en voit plus d'autre que la convocation d'une assemblée de notables, dont les inutiles travaux forcèrent à adopter la fatale proposition des États - généraux.

C'est donc le parlement de Paris qui, par son coupable refus, a été la cause de la convocation des États-généraux, qui furent suivis de l'Assemblée Législative et de la Convention ; de la Convention ! ! !

Enfin, les États - généraux sont convoqués. Écoutons *Louis* à l'ouverture de cette Assemblée, le 4 mai 1789 : « Tout ce qu'on peut » attendre, dit-il aux députés, *du plus tendre* » *intérêt au bonheur public, tout ce qu'on* » *peut demander* A UN SOUVERAIN, LE PRE-

» MIER AMI DE SON PEUPLE, *vous pouvez l'at-*
» *tendre de moi.* »

Louis croyait parler à des Français tels qu'il
les avait connus jusqu'à ce moment. Il savait
que leur attachement pour l'auguste maison de
Bourbon était, depuis neuf siècles, religieusement transmis par les pères à leurs enfans, et
cet amour, qu'il croyait inaltérable comme sa
tendresse pour son peuple, était la base de sa
confiance. En effet, tant que les Français n'ont
écouté que ce noble sentiment, tant qu'ils n'ont
pas été soulevés, trompés, excités par de mer-
cenaires agitateurs, les rois n'ont jamais vu
paraître, qu'à de longs intervalles, quelques
factieux.

Lors des premiers débats qui eurent lieu entre
les trois ordres, sur leur réunion exigée par
celui du tiers-état, et commencée par la défec-
tion d'une partie du clergé, le Roi fait appeler
le président de la chambre de la noblesse, M. *le*
duc de Luxembourg, pour lui demander à
quoi se déterminait la chambre. «Sire, répond
» le brave *Luxembourg*, à mourir : elle a
» même la certitude qu'accablée par le nombre,
» elle mourra ; mais en tombant sous le fer des
» assassins, elle frappera de nullité ses opéra-
» tions, et sauvera la monarchie. Telle est, Sire,
» sa dernière résolution. »

A cette détermination, d'autant plus héroïque qu'elle n'avait d'autre garant du succès qu'un *peut-être*, *Louis* répliqua vivement : « Et moi » aussi, M. *de Luxembourg*, j'ai pris ma ré-» solution. JE NE VEUX PAS QU'UN SEUL HOMME » PÉRISSE POUR MA QUERELLE. Dites donc à ma » brave noblesse que je la prie de se réunir aux » autres ordres ; et s'il faut quelque chose de » plus, *je le lui ordonne*. COMME SON ROI, JE » LE VEUX. »

On ne sait ici qui est le plus digne d'admiration, de cette fidèle noblesse qui dit à son Roi : *Nous périrons, mais avec l'espoir que vous régnerez ;* ou du magnanime monarque, qui répond : *Je défends qu'un seul homme périsse pour ma querelle.* Les annales de la monarchie n'offrent point de trait plus frappant de grandeur d'âme, de générosité, de dévouement de sujets pour leur Roi, du Prince pour son peuple.

Quel est celui qui a pu entendre ces paroles si remarquables de *Louis* à l'Assemblée nationale, le 4 février 1790, et se les rappeler sans attendrissement ? « Éclairez sur ses véritables » intérêts, *le peuple qu'on égare*, CE BON » PEUPLE DONT ON M'ASSURE QUE JE SUIS AIMÉ, » QUAND ON VEUT ME CONSOLER DE MES PEINES ! »

Et dans un autre endroit de ce même discours :

« Le respect pour la religion, dit-il, est la sauve-
» garde de l'ordre public ; tous les cœurs hon-
» nêtes et éclairés ont un égal intérêt à la sou-
» tenir et à la défendre. »

Ce bon Roi disait encore aux mêmes députés :
« Mes dangers personnels ne sont rien auprès
» des malheurs publics. Eh ! qu'est-ce que les
» dangers d'un Roi *à qui l'on veut enlever l'a-*
» *mour de son peuple?* C'EST LA QU'EST LA
» VÉRITABLE PLAIE DE MON COEUR ! UN JOUR,
» PEUT-ÊTRE, LE PEUPLE SAURA COMBIEN SON
» BONHEUR ME FUT CHER, COMBIEN IL FUT TOU-
» JOURS ET MON SEUL INTÉRÊT ET MON PREMIER
» BESOIN. »

Dans toutes les circonstances, ce qui s'écar-
tait du vrai blessait la droiture de sa belle âme.
Sa délicatesse était telle, que, dans les pièces
qui devaient être publiées en son nom, il obli-
geait ses ministres à éviter toute expression qui
aurait altéré la vérité. L'un d'eux avait été chargé de rédiger une proclamation aux Français,
pour leur peindre les sentimens douloureux de
leur Roi, à la vue des meurtres et des violences
de tout genre auxquels le royaume était en proie.
Le ministre, dans le projet qu'il soumit au Roi,
lui faisait dire : *Ces désordres troublent le
bonheur dont nous jouissons.* « Il faut chan-
ger cette phrase, s'écria le Roi. » Le ministre

la relit, sans deviner en quoi elle pèche ! « Eh !
» monsieur, reprend le Roi avec émotion, com-
» ment pourrais-je être heureux quand personne
» ne l'est en France ? Non, monsieur ; non,
» les Français ne sont point heureux ; *ils le de-*
» *viendront, il faut l'espérer,* ET C'EST MON
» VŒU BIEN SINCÈRE. Quand nous en serons là,
» *je jouirai de leur bonheur,* ET JE POURRAI
» LE DÉCLARER SANS IMPOSTURE. » C'était en
plein conseil et au milieu de ses ministres, que
Louis XVI professait ainsi le plus scrupuleux
attachement à la vérité. « Ces paroles, dit le
» ministre qui les rapporte, que le Roi prononça
» d'une voix entre-coupée, firent sur nous une
» vive impression, et furent suivies, pendant
» quelques minutes, d'un profond silence. »
Les Rois de France étaient jadis dans l'usage
de faire présent aux Princesses de leur maison,
à l'époque de leur première communion, d'une
parure de diamans. Lorsque cette époque eut
été fixée pour MADAME ROYALE (née en 1778),
Louis XVI la fit appeler, et, devant la Reine,
lui dit : « On vous aura peut-être parlé, ma fille,
» d'un certain écrin, comme d'un présent de pre-
» mière communion ; mais je vous connais trop
» raisonnable pour croire que dans un pareil mo-
» ment, vous mettiez un grand prix à des parures
» artificielles. Je pourrais, mon enfant, m'en

» tenir avec vous à cette seule raison ; mais je
» vous en dirai une seconde. *La misère publi-*
» *que est extrême ; les pauvres abondent*, et
» je suis certain que vous aimerez mieux vous
» passer de parure, QUE DE SAVOIR QU'ILS MAN-
» QUENT DE PAIN. »

Le 11 avril 1790, jour fixé pour cette première communion, à l'église Saint-Germain-
l'Auxerrois, paroisse des Tuileries, la jeune
Princesse est conduite chez le Roi , où se
trouvaient réunies toutes les personnes qui
devaient assister à cette cérémonie : elle se
jette aux pieds de son père, en lui demandant
sa bénédiction. *Louis*, avec le ton du sentiment le plus tendre, lui dit : « C'est de tout
» mon cœur, ma fille, que je vous donne
» ma bénédiction. Je prie le Seigneur de vous
» donner la sienne. Vous connaissez l'impor-
» tance de l'acte que vous allez faire. N'ou-
» bliez jamais, mon enfant, ce que vous de-
» vez à Dieu. Les grands principes de la
» religion doivent faire la règle de votre con-
» duite. Nous sommes doublement obligés de
» les mettre en pratique, nous qui devons
» donner l'exemple. Cette religion sainte est
» la seule consolation qui nous soit donnée
» dans nos malheurs. *Vous êtes en âge, ma*
» *fille , de sentir nos peines* (la Princesse était

» dans sa douzième année) ; je ne vous en ai
» jamais parlé ; *mais dans ce moment-ci, je*
» *crois pouvoir m'épancher avec vous : elles*
» *sont cruelles ces peines ; mais elles m'affli-*
» *gent moins encore que les maux qui déso-*
» *lent le royaume.* Les prières de l'innocence
» doivent trouver grâce auprès du ciel. Adres-
» sez-lui les vôtres, mon enfant, avec toute la
» ferveur que Dieu vous inspirera. *Demandez-*
» *lui la fin de nos malheurs.* Priez, surtout,
» pour mon peuple, dont la situation, je
» vous le répète, déchire mon coeur. »

Lorsqu'il était en quelque sorte en prison
aux Tuileries, et qu'il n'y éprouvait que des
chagrins, sans autre distraction que celle d'un
travail continuel, Madame *Elisabeth* lui en
ayant fait un reproche d'amitié, et l'exhortant
à plus de ménagement pour sa santé : « Ah!
» ma santé! lui répondit Louis en soupirant,
» ce n'est pas ma santé, c'est le sort de mon
» peuple qui m'occupe! Oui, je mourrais
» content, si je le voyais sortir de cette crise
» *heureux* et sans reproche. » (Et *sans re-*
proche!!.... grand Dieu!)

Les Etats-généraux (1), qui prirent ensuite

____

(1) L'ouverture des États-généraux fut faite le 4 mai
1789; leur session fut terminée le 30 septembre 1791.

(44)

le titre d'*Assemblée nationale*, avaient dé-
sorganisé tout ce qu'ils n'avaient pas détruit ;
ils avaient avili la religion et l'autorité royale,
et brisé ainsi les principaux liens de la société.

L'*Assemblée Législative* (1), qui leur suc-
céda, ne rétablit rien, prononça la déchéance
du Roi, et convoqua une *Convention nationale* (2).

Cette dernière Assemblée fut composée, en
grande partie, d'êtres féroces, débauchés, fa-
miliarisés avec le crime, d'hommes passionnés
qui ont couvert la France de cadavres, et qui
ont couronné leurs forfaits par le plus exécrable
des attentats, par le meurtre du vertueux
Louis XVI, en se constituant à-la-fois, par
une monstruosité sans exemple, accusateurs,
jurés, juges et bourreaux.

Bourreaux ! ce mot pourrait, peut-être
nous faire accuser de prévention ; mais nous
allons le justifier.

Pendant la séance du 3 décembre 1792, le
journaliste *Prudhomme* représentait à *Danton*,

---

(1) L'Assemblée Législative tint sa première séance le
1er octobre 1791, et fit sa clôture le 20 septembre 1792.

(2) La Convention, prétendue nationale, ouvrit sa
session le 21 septembre 1792, et la termina le 26 octobre 1795.

que la Convention, qui s'attribuait le droit d'accuser *Louis XVI*, ne pouvait plus avoir celui de le juger. « Tu as raison, lui répond » le féroce et digne collègue de *Robespierre*; » aussi ne prétendons-nous pas le juger : NOUS » LE TUERONS. » Cet aveu donne la clef d'une infinité de votes pour la mort, commandés par les chefs des révoltés.

Notre amour pour la vérité nous oblige cependant de convenir que cette Assemblée renfermait quelques hommes honnêtes qui eurent le dangereux courage de s'élever avec la plus grande force contre le sanguinaire vote et les effrayantes vociférations de la majorité; qu'un grand nombre ne vota que la réclusion et le bannissement après la paix; et que même parmi ceux qui votèrent la mort du meilleur des Monarques, il y en eut beaucoup qui mirent à ce vote la condition d'un sursis qui aurait infailliblement sauvé ce Prince, si cette condition n'eût été perfidement écartée par un ordre du jour.

On a même vu dans cette Assemblée, mais en bien petit nombre, des Français, égarés par des considérations politiques, réparer ensuite leur erreur par leurs sincères regrets, et rentrer ainsi dans leurs droits à l'estime publique.

Nous avouons qu'il nous serait impossible de tracer ici tous les mauvais traitemens, toutes les insultes, tous les outrages dont on a accablé l'infortuné *Louis XVI*. Nous ne rappellerons donc ni les scènes atroces des 20 juin et 10 août 1792, ni les raffinemens de la plus insolente barbarie, journellement employés, dans la prison du Temple, contre le plus doux, le plus bienfaisant des Monarques. Ayant eu le bonheur d'en être personnellement connu, le souvenir de ses excessives souffrances nous fait encore, après vingt-trois années d'intervalle, verser des larmes bien amères!

Peut-être aussi le lecteur nous saura-t-il gré de n'avoir pas fixé ses regards sur le douloureux tableau des angoisses de ce bon Roi, pendant toute la durée de sa longue captivité. Nous nous bornerons à quelques faits qui suffiront, toutefois, pour démontrer que ce Monarque, si digne d'être heureux, a été toujours grand, toujours bon, toujours pieux, dans les fers comme sur le trône, et qu'il a constamment offert le sublime exemple de toutes les vertus, jusqu'à son dernier moment.

Louis a souvent parlé comme par inspiration. Ce ne fut que le 14 décembre 1792, que *Malesherbes* et *Tronchet*, défenseurs accordés au Roi, pour la forme, purent pénétrer dans sa prison. Ce Prince, voyant entrer *Malesherbes*, qu'on ne lui avait pas annoncé, court au-devant du vieillard, et le serre tendrement dans ses bras. *Malesherbes*, hors de lui-même, et fondant en larmes, essaie de donner quelqu'espérance à son maître. « Mon cher *Malesherbes*, » lui répondit le Roi, je ne puis me faire illusion. » *Je sais à qui j'ai affaire : ils ont le pou-* » *voir de me faire mourir*, ILS EN ONT LA » VOLONTÉ ; *je dois m'attendre à mourir*, ET » JE M'Y ATTENDS. Ce qui vous étonnera, peut- » être, c'est que ma famille est préparée aussi » pour cette dernière catastrophe. VOUS ME » VOYEZ TRANQUILLE, *et j'espère*, Dieu aidant, » *l'être jusqu'à la fin*. » En effet, il n'y a pas d'exemple, dans l'histoire des nations, d'un Prince aussi atrocement sacrifié par des sujets révoltés, qui, jusqu'à son dernier soupir, ait conservé, comme *Louis XVI*, autant de modération, de calme, de sérénité, et une plus sainte et plus admirable résignation.

Lorsque les défenseurs de *Louis* étaient sortis du Tèmple, il lui arrivait assez ordinairement de se recueillir, de chercher dans les secours de la religion les douces consolations que l'impie ne connut jamais, et de s'élancer, en quelque sorte, dans l'avenir, pour deviner l'opinion des générations futures.

« Je suis sûr, disait-il un jour à *Malesherbes*,
» qui était prêt à le quitter, que je perdrai
» mon procès ; mais occupons-nous en comme
» si je devais le gagner : JE LE GAGNERAI DU
» MOINS AUX YEUX DE LA POSTÉRITÉ ! »

La postérité ! Elle a commencé pour *Louis XVI*
long-temps avant sa mort ! Il n'est pas étonnant
que le saint Roi, qui devait bientôt recevoir
la palme du martyre, eût reçu le don de
prophétie.

Enfin, le crime est consommé : *Louis* est
condamné à mort, à une majorité de CINQ
VOIX, SUR SEPT CENT VINGT-UN VOTANS. Et
comment compter sur la fidélité du recense-
ment, lorsqu'il a été fait par des hommes qui
dirigeaient à leur gré les criminelles trames
ourdies pour perdre le Roi !

Louis interjette appel au peuple du régicide
arrêt, et il attendait avec confiance et espoir le
résultat de ce moyen. *Malesherbes*, suffoqué
par ses larmes, vient lui annoncer que cet appel
a été rejeté par la Convention. « Vous vous en
» affligez, mon cher *Malesherbes*, lui dit le
» Roi avec le calme de la vertu, et moi je
» m'en réjouis. L'HONNEUR DE MON PEUPLE EST
» SAUVÉ, PUISQU'ILS ONT CRAINT DE LE CON-
» SULTER. On l'aurait convoqué aux assemblées :
» les factieux l'en auraient écarté par la terreur ;

» *ils auraient ensuite publié , et l'Europe*
» *aurait pu croire,* QUE MON PEUPLE M'AVAIT
» CONDAMNÉ; CETTE IDÉE M'EUT ACCABLÉ. LA
» MORT NE M'EFFRAIE POINT. »

Quelle présence d'esprit !... Quelle admirable bonté pour son peuple, qu'il aurait, cependant, pu accuser d'un coupable silence et d'une criminelle inaction !!!... Et dans quel moment encore *Louis* conçoit-il cette sublime pensée !!! Il y a là quelque chose de sur-humain ! (1).

Malesherbes, un moment après , trouvant l'occasion de parler à *Louis* sans être entendu de ses féroces gardiens , lui confia qu'en sortant de la Convention , après le fatal rejet de l'appel au peuple, il s'était trouvé environné d'un grouppe considérable de sujets affectionnés à leur Roi, qui l'avaient assuré qu'il ne périrait pas , ou que du moins ce ne serait qu'après eux et leurs amis.

Cette confidence , bien loin de flatter le Monarque, parut l'affliger vivement. « Connaissez-
» vous , dit-il à *Malesherbes* , ceux qui vous
» ont tenu ce propos ? — Non, Sire. — Eh
» bien ! tâchez , je vous prie , d'en découvrir
» quelques-uns , et déclarez-leur *que je ne leur*
» *pardonnerais pas* S'ILS FAISAIENT RÉPANDRE

____

(1) Voir, page 105 , le discours de M. *de Sèze* à la Chambre des Pairs , dans la séance du 9 janvier 1816.

» UNE SEULE GOUTTE DE SANG A MON SUJET. Je
» n'ai pas voulu qu'il en fût versé lorsque, peut-
» être, j'aurais pu par-là me conserver le trône
» et la vie ; *je ne m'en repends pas encore.* »

On ne peut se lasser d'admirer cette constante tranquillité d'esprit , cette inépuisable
bonté, qui, dans un moment aussi cruel, sont
surnaturelles.

Lorsque *Louis* apprit que le *duc d'Orléans*,
alors nommé *Égalité*, avait voté *pour la mort*,
il dit à *Malesherbes* : « Je ne sais ce que j'ai
» fait à mon cousin pour motiver sa conduite à
» mon égard. *Il faut le plaindre ; il est plus*
» *malheureux que moi :* JE NE CHANGERAIS
» PAS MA CONDITION POUR LA SIENNE. »

On ne peut certainement pas citer de plus
bel exemple de douceur et de charité chrétienne !

Le 20 janvier 1793 , à l'heure où *Louis*
avait coutume de prendre sa triste nourriture,
des commissaires, chargés de notifier l'exécrable
jugement, se présentent avec une nombreuse
suite. Cet appareil, précurseur de la mort, eût
anéanti les facultés physiques et morales de
l'homme le plus courageux. *Louis*, maître de
lui, supérieur à son malheur, ne parut jamais
plus grand que dans ce terrible moment.

Les commissaires étaient :

GARAT, alors ministre de la justice, aujour-
d'hui *ex-sénateur*.

TONDU, dit LEBRUN, ministre des affaires
étrangères, mort sur l'échafaud le 27 décembre 1793.

GROUVELLE, secrétaire du Conseil exécutif.

Le président et le procureur syndic du département.

CHAMBON, maire de Paris.

CHAUMETTE, procureur de la commune de
Paris, mort sur l'échafaud le 13 avril 1794.

HÉBERT, son substitut, mort sur l'échafaud,
le 24 mars 1794.

Le président et l'accusateur public du tribunal
criminel.

Plusieurs officiers municipaux.

Louis les reçut avec un calme, une sérénité
qui les frappèrent tous d'étonnement.

GARAT dit au Roi : « La Convention nationale
» a chargé le Conseil exécutif de vous signifier ses
» décrets des 15, 16, 17, 19 et 20 janvier. Le
» secrétaire du Conseil va vous en faire lecture. »

Grouvelle fit cette lecture d'une voix trem-
blante. *Louis* était debout, dans une attitude
noble et tranquille ; la pureté de son âme se
peignait dans tous ses traits. Il fit un pas en
avant vers le secrétaire, et prit les pièces. *C'était,*
comme on l'a dit, *le passeport du juste pour*

l'immortalité, et l'opprobre éternel des bourreaux impénitens de ce saint Roi.

Louis, après avoir mis ces papiers dans son
porte-feuille, en tira un qu'il présenta à *Garat*,
et qui contenait les notes qu'il avait écrites le
matin, pour être remises à la Convention. *Garat*
paraissant, par son hésitation à prendre ce
papier, craindre de se compromettre, le Roi
lui dit avec dignité : « Je vais, monsieur, vous
» en lire le contenu. » C'étaient les derniers
vœux d'un cœur religieux et bienfaisant. Ses
demandes étaient un délai de trois jours pour se
préparer à paraître devant Dieu ; la liberté de
voir, sans témoins, le prêtre qu'il désignerait ;
d'être délivré, pendant ses derniers momens, de
la surveillance à vue exercée envers lui la nuit
et le jour ; de communiquer librement et sans
témoins avec sa famille ; que la Convention s'oc-
cupât de son sort et de sa liberté ; qu'elle prît
aussi en considération les personnes autrefois à
son service, qui n'avaient pour subsister que les
modiques pensions qu'il leur faisait.

Garat, rassuré, prit la pièce ; et le Roi,
avec la tranquillité et la présence d'esprit que
lui seul conservait en ce fatal moment, ajouta :
« Si la Convention accède à ma demande pour
» la personne que je désire de voir, voici,
» monsieur, son adresse. » Et il remit à un

municipal une carte sur laquelle était écrit :
M. *Edgeworth de Firmont*, rue du Bac, n°. 483.
Il fit alors, avec noblesse et fermeté, quelques
pas en arrière, et tout le monde se retira.

Au rapport de tous ceux qui étaient présens
à cette triste scène, on eût pris *Louis* pour le
juge de ceux qui venaient lui signifier son arrêt
de mort. Tous se sont accordés à dire qu'à
l'instant où ils s'étaient présentés devant lui,
il les avait atterrés, en promenant sur eux un
regard à la fois doux, majestueux, où la bonté
se peignait encore ; et si expressif, qu'il semblait moins annoncer un homme, que signaler
un céleste compagnon des immortels.

Un témoignage irrécusable de ce fait, et
qui achève le sublime portrait de *Louis* dans
ce moment affreux, c'est celui d'*Hébert*, de
cet énergumène, trop connu sous le nom du
Père Duchesne, par sa feuille scandaleuse et
atroce, suite et résultat des principes philoso-
phiques modernes. « Je voulus être, dit-il,
» du nombre de ceux qui devaient être pré-
» sens à la lecture de l'arrêt de mort de *Louis*.
» Il écouta, avec un sang-froid rare, la lecture
» de ce jugement. Lorsqu'elle fut achevée, il
» demanda sa famille, un confesseur ; enfin,
» tout ce qui pouvait lui être de quelque sou-
» lagement à son heure dernière. *Il mit tant*

» *d'onction, de dignité, de noblesse, de gran-*
» *deur dans son maintien et dans ses pa-*
» *roles, que je ne pus y tenir. Des pleurs de*
» *rage vinrent mouiller mes paupières.* IL
» AVAIT, DANS SES REGARDS ET DANS SES MA-
» NIÈRES, QUELQUE CHOSE DE VISIBLEMENT SUR-
» NATUREL A L'HOMME. Je me retirai, en vou-
» lant retenir des larmes qui coulaient malgré
» moi, et bien résolu de finir là mon minis-
» tère. Je m'en ouvris à un de mes collègues,
» qui n'avait pas plus de fermeté pour con-
» tenir les siennes ; et je lui dis, avec ma fran-
» chise ordinaire : Mon ami, *les prêtres, mem-*
» *bres de la Convention, en votant pour la*
» *mort,* quoique la sainteté de leur caractère
» le leur défendît, *ont formé la majorité qui*
» *nous délivre du tyran.* Eh bien ! que ce soit
» aussi des prêtres constitutionnels qui le condui-
» sent à l'échafaud. DES PRÊTRES CONSTITUTION-
» NELS ONT, SEULS, ASSEZ DE FÉROCITÉ POUR
» REMPLIR CET EMPLOI. Nous fîmes en effet déci-
» der, mon collègue et moi, que ce serait *deux*
» *prêtres municipaux, Jacques Roux* (1)

____

(1) Le 15 janvier 1794, *Jacques Roux* ayant été traduit au tribunal de police correctionnelle, pour fripon-
neries qui l'avaient fait chasser de la commune, et les juges ayant dit que les délits dont il était chargé passaient

(55)

» et *Pierre Bernard* (1), qui conduiraient
» *Louis* à la mort; ET L'ON SAIT QU'ILS S'AC-
» QUITTÈRENT DE CETTE FONCTION AVEC L'IN-
» SENSIBILITÉ DES BÊTES FÉROCES. » Tel est le
mémorable jugement de l'un des plus ardens
révolutionnaires, sur LOUIS LE MARTYR, et sur
le caractère moral des prêtres constitutionnels.

Les commissaires étant sortis, et après un
long intervalle, Louis cède aux sollicitations de
Cléry, se met à table, et s'apercevant qu'il n'a
pas de couteau, il en demande un à *Cléry*. Le
municipal *Minier* répond que *Cléry* a ordre
de lui couper les morceaux. « Me croit-on si
» près de mourir, réplique *Louis* avec force
» et dignité, qu'il ne me reste d'autre res-
» source qu'un coup de désespoir ? JE SUIS

---

leur compétence, ils le renvoyèrent au tribunal révolutionnaire. Au moment où il entendit prononcer cette décision,
il se frappa de cinq coups de couteau; et on le reporta
à Bicêtre, où il se donna encore plusieurs coups de canif,
et *où il mourut de ses blessures.*

(1) *Pierre Bernard*, son digne collègue, *fut condamné
à mort*, le 27 juillet 1794, comme complice de *Robespierre, et exécuté le même jour.*

Voilà où conduisent les faux principes, subversifs de
toutes les lois divines et humaines, propagés par la philosophie moderne.

» INNOCENT DES CRIMES QU'ON M'IMPUTE, ET MA
» MORT SERAIT, POUR LES FRANÇAIS, LE PLUS
» GRAND DES MALHEURS. »

Les innombrables assassinats, les incendies, les dévastations ; enfin, tous les fléaux, toutes les calamités qui ont désolé la France depuis le 21 janvier 1793, jusqu'au 31 mars 1814, n'ont que trop prouvé la justesse de cette prophétique annonce.

Une dernière formalité restait à remplir : l'ordre du supplice devait être signé par le ministre de la guerre. En l'absence de ce ministre, M. MONGE, alors ministre de la marine, (*aujourd'hui* ex-SÉNATEUR) chargé par *interim* du portefeuille de la guerre, APPOSA SA SIGNATURE *au bas de cet ordre.*

Recueillons et conservons religieusement les paroles suivantes du Roi prophète.

Louis s'entretenant, la veille de son martyre, avec M. l'abbé *de Firmont*, son confesseur, il lui parlait, avec le calme de la véritable vertu, du sort dont il espérait bientôt jouir, et des dispositions actuelles du peuple français. « Ce peuple, dit-il, est naturellement
» bon ; mais aujourd'hui, *des chefs* SANS PRIN-
» CIPES *l'égarent et l'enchaînent à la fois.*
» Il n'aurait pas souffert qu'on m'accusât de
» tyrannie, *s'il savait combien son bonheur*

» *m'était cher, et combien je l'avais désiré!*
» Plus j'ai été privé des moyens et de l'espé-
» rance d'y atteindre, moins la vie m'a été
» précieuse, et vous pouvez croire, monsieur
» l'abbé, que j'en fais aujourd'hui le sacrifice
» sans regret. UN JOUR VIENDRA, J'EN SUIS BIEN
» SUR, OÙ LE PEUPLE PLEURERA MA PERTE, ET
» RENDRA JUSTICE A MA MÉMOIRE. *Il le fera*
» *quand il saura la vérité*, ET QU'IL AURA RE-
» COUVRÉ LA LIBERTÉ DE SE MONTRER JUSTE.
» MAIS, HÉLAS! JUSQU'A CE QUE CE TEMPS AR-
» RIVE, IL SERA BIEN MALHEUREUX! »

Il est arrivé ce moment prédit par le saint
Roi! C'est l'heureux retour de LOUIS-LE-DÉSIRÉ,
qui a fait recouvrer au peuple français *la liberté*
de se montrer juste envers le Monarque immolé
par le fanatisme philosophique; et c'est en prouvant son amour pour LOUIS XVIII, et sa confiance dans ses soins paternels, que ce peuple
expiera l'horrible attentat que quelques factieux
ont eu la criminelle audace de commettre en son
nom. Honneur aux conventionnels qui ont reconnu leur égarement, et qu'un sincère repentir
a ramenés dans les rangs des bons Français!
Opprobre éternel à ceux qui restent volontai-
rement couverts du sang innocent qu'ils ont versé!

Achevons le déchirant tableau des derniers
momens du plus vertueux des Rois!

Prêt à quitter pour toujours sa prison, *Louis* dit aux municipaux, avec douceur et dignité : « Messieurs, je désirerais que *Cléry* restât au- » près de mon fils, qui est accoutumé à ses » soins. J'espère que la Commune accueillera » cette demande. » Puis, se tournant vers *San- terre*, il lui dit avec la plus grande fermeté, et d'un ton de maître : « PARTONS. » Exemple unique dans l'histoire, si ce n'est, peut-être, dans celle des martyrs, d'un Monarque faisant lui-même à ses bourreaux, avec le plus ferme courage, le commandement du départ pour son supplice !

Le Roi, M. *l'abbé de Firmont*, et deux gendarmes, remplissaient la voiture.

Arrivé au pied de l'échafaud, *Louis*, au moment de descendre de la voiture, craignant que la vie de son confesseur ne soit en danger, dit aux deux gendarmes : « *Je mets* monsieur *sous* » *votre protection.* » Les gendarmes n'ayant pas répondu, le Roi reprend d'un ton plus élevé : « Je vous conjure, messieurs, de pré- » server monsieur de toute insulte après ma » mort. » L'un d'eux répond alors, d'un ton brutal : « Bien, bien, on aura soin de lui. »

Quelle présence d'esprit ! et toujours, jusqu'à son dernier moment, bon, sensible, aimant, toujours tel qu'il fut dans tous les instants de sa vie !

Enfin, monté sur l'échafaud et déshabillé, *Louis* se porte sur un des coins : « FRANÇAIS, » dit-il, en élevant la voix : JE MEURS INNOCENT » DE TOUS LES CRIMES QU'ON M'IMPUTE. JE PRIE » DIEU QU'IL NE VENGE PAS SUR LA NATION LE » SANG DE VOS ROIS QUI VA ÊTRE REPANDU......» Dans ce même moment, *le féroce, l'infâme, l'exécrable Santerre*, qui craint le retour du peuple au simple sentiment de l'humanité, ordonne le fatal roulement des tambours, pour empêcher qu'il n'entende *Louis* et ne s'attendrisse sur son sort. C'est alors que le confesseur du Monarque lui dit : « Sire, *montez au ciel !* » *Saint-Louis vous tend les bras !* »

LES DERNIÈRES PAROLES de *Louis*, de ce bon Roi, que son peuple laisse périr sur l'échafaud, SONT ENCORE DES VOEUX QU'IL ADRESSE A DIEU EN FAVEUR DE CE MÊME PEUPLE.

Ah ! quel mortel fut jamais plus digne des récompenses célestes ! Sans doute, un jour il recevra sur la terre celle qui est due à sa constante et inébranlable piété, à son glorieux martyre ! Déjà le souverain pontife, Pie VI, après avoir pesé les vertus religieuses de *Louis XVI* dans la balance du sanctuaire, leur a imprimé le sceau de la vénération, en déclarant en plein consistoire, « que son sentiment était que les meurtriers » de ce prince, en faisant tomber de sa tête la cou-

» ronne des Rois , LUI AVAIENT ASSURÉ LA
» PALME DES MARTYRS. »

Oui , dans tous les temps et parmi tous les peuples , la glorieuse mémoire de *Louis-le-Martyr* sera en vénération ; elle sera la consolation des infortunés et le tourment perpétuel de ses meurtriers.

Nous terminerons cette esquisse par une anecdote d'autant plus intéressante , que nous ayons maintenant le bonheur de posséder au milieu de nous l'AUGUSTE PRINCESSE dont elle fait connaître la vertu surnaturelle.

Les sentimens religieux que MADAME ROYALE avait puisés dans son éducation , furent son unique soutien dans sa captivité. On peut en croire le garant, *non suspect,* qui a révélé le premier les nobles pensées dont la fille de *Louis* nourrissait sa douleur dans son horrible solitude, après avoir perdu tout ce qu'elle avait de plus cher.

Un des meurtriers du Roi, le conventionnel *Rovère* , raconte « qu'ayant voulu voir la pri-
» son du Temple, et en parcourir les appar-
» temens aussitôt qu'ils avaient été vides , il
» lut sur une muraille, en écriture au crayon,
» *tracée par la main de la fille de Louis XVI,*
» *un vœu religieux pour le bonheur des Fran-*
» *çais.* Il y lut encore ces mots : O MON PÈRE!

(61)

» VEILLEZ SUR MOI DU HAUT DU CIEL. Enfin ;
» il y lut, *toujours de la même main, et le*
» *remords déchirant*, dit-il, *le poussa hors*
» *de l'appartement*: O MON DIEU! PARDONNEZ
» A CEUX QUI ONT FAIT MOURIR MES PARENS! »

Et quelques individus trouvent extraordinaire que la tristesse soit empreinte dans les traits de cette AUGUSTE PRINCESSE!

Hélas! ses yeux attestent, il est vrai, les torrens de larmes que sa tendresse lui a fait répandre.

Mais la perte, *si cruelle*, de LOUIS XVI, *son père*; de MARIE-ANTOINETTE, *sa mère*; de MADAME ELISABETH, *sa tante*, qui ont péri sur l'échafaud; et de LOUIS XVII, *son frère*, mort dans sa prison; *tous victimes des fureurs révolutionnaires*! Quel éternel tableau d'affligeans souvenirs!

O vous, qui que vous soyiez, qui blâmez sa tristesse, aussi naturelle que respectable, dites si, rentrant après un long exil dans votre patrie, où vous auriez éprouvé les revers les plus accablans; en foulant aux pieds cette terre natale encore fumante du sang de vos plus chers parens, dites si vous auriez perdu *tout-à-coup* le souvenir de tant de calamités!..... Dites s'il aurait été en votre pouvoir de vous montrer à tous les yeux avec un visage riant et serein, signe certain de la joie intérieure, et de l'absence de toute pensée douloureuse?

Non, sans doute : vous ne pourriez, dans une situation aussi déchirante, résister à la voix de la nature, et vaincre la force du sentiment.

Ah ! loin d'en vouloir à cette sensible Princesse, sachez-lui gré, plutôt, de tout ce qu'elle vous cache des peines qui empoisonnent nécessairement toutes ses jouissances, et plaignez-la de ne pouvoir se livrer sans contrainte à sa juste douleur !

Songez qu'elle ne se venge que par des bienfaits, de tout le sang des siens qu'on a osé verser, et de toutes les persécutions, de tous les mauvais traitemens que le délire révolutionnaire lui a personnellement prodigués.

Songez que l'excès de ses malheurs, la noblesse de ses sentimens, la fermeté de son courage, sont admirés et respectés de l'Europe entière; et que les Français ont de bien plus puissans motifs que les étrangers, pour chérir en elle les vertus du bon Roi, son père, méconnues par ses ingrats sujets !

Au surplus, les régicides ont obtenu leur pardon,

De Louis XVI, *leur victime*; de Louis XVIII, qui, à l'exemple de son AUGUSTE FRÈRE,

met sa gloire dans la clémence ; et de la ver-
tueuse Princesse, *fille du Roi-Martyr*, de cet
ange de paix, dont il serait impossible de citer
une seule action, une seule parole, qui aient
jamais pu donner, même à ses plus grands ennemis, le moindre sujet de plainte.

A Dieu ne plaise que nous nous élevions
contre ces actes vraiment sublimes d'une inépuisable bonté ! mais nous dirons que de vifs
remords et un sincère repentir pourront seuls
réconcilier ces Français égarés avec leur conscience.

———

Au moment où l'auguste Empereur de toutes
les Russies vient, avec les grands souverains de
l'Europe, de replacer, pour la seconde fois,
Louis XVIII sur le trône de saint Louis et
d'Henri IV, les bons Français ne pourront voir
qu'avec un vif intérêt la déclaration que fit publier l'Impératrice Catherine-la-Grande,
lorsqu'elle apprit l'horrible attentat commis par
des sujets rebelles sur la personne sacrée de
leur Roi. On verra, à la suite de cette déclaration, la formule de l'*abjuration du régicide*,
que l'Impératrice exigea de tous les Français,
habitant ou voyageant dans son empire.

DÉCLARATION.

« Maintenant que la *mesure des atrocités*
» qui ont souillé cette terre malheureuse, et
» *l'horreur universelle qu'elles inspirent* sont
» à leur comble, et qu'il s'est trouvé *plus de*
» SEPT CENTS MONSTRES qui ont abusé *du pou-*
» *voir qu'ils se sont arrogés par les voies les*
» *plus criminelles, au point de porter leurs*
» *mains parricides sur l'oint du Seigneur,*
» sur leur maître légitime, *cruellement* et *in-*
» *humainement immolé le 21 janvier dernier,*
» nous nous croyons obligée, envers Dieu et
» notre conscience, en attendant que la justice
» du Très-Haut confonde les auteurs d'un for-
» fait si horrible, et qu'il lui plaise de mettre
» un terme aux calamités qui affligent actuel-
» lement la France, de ne souffrir, entre notre
» Empire et ce royaume, aucune des relations
» qui subsistent entre les états policés et légi-
» timement constitués. »

Suivent les dispositions pour le bannissement
de tous les Français des deux sexes qui habitaient
ou voyageaient alors en Russie, à l'exception de
ceux qui auraient souscrit l'abjuration suivante :

ABJURATION.

« Je sousssigné N......., jure devant le Dieu

» tout puissant, et sur son Saint-Evangile, que,
» n'ayant jamais adhéré, de fait ni de volonté,
» aux principes impies et séditieux introduits et
» professés maintenant en France, je regarde le
» gouvernement qui s'y est établi comme une
» usurpation et une violation de toutes les lois ;
» et la mort du Roi très-chrétien Louis XVI,
» comme un acte de scélératesse abominable, et
» de trahison infâme contre le légitime souve-
» rain ; dévouant tous ses auteurs à l'exécration
» qu'ils doivent inspirer à tout homme bien pen-
» sant. En cas de procédés contraires à ce pré-
» sent serment, je me soumets à toute la ri-
» gueur des lois, en cette vie ; et en l'autre, au
» jugement terrible de Dieu. »

Digne héritier des nobles et généreux sentimens de son auguste aïeule, le magnanime
Alexandre a eu deux fois la gloire et la satisfaction
d'accomplir le vœu qu'elle avait formé pour le
rétablissement de la Maison de Bourbon sur le
trône de France.

TESTAMENT DE LOUIS XVI.

Au nom de la très-sainte Trinité, du Père, du Fils et du Saint-Esprit,

Aujourd'hui vingt - cinquième jour de décembre mil sept cent quatre-vingt-douze, moi, Louis, XVIme du nom, Roi de France, étant, depuis plus de quatre mois, enfermé avec ma famille dans la tour du Temple, à Paris, par ceux qui étaient mes sujets, et privé de toute communication quelconque, même, depuis le onze courant, avec ma famille; de plus, impliqué dans un procès dont il est impossible de prévoir l'issue, à cause des passions des hommes, et dont on ne trouve aucun prétexte ni moyen dans aucunes lois existantes; n'ayant que Dieu pour témoin de mes pensées, et auquel je puisse m'adresser, je déclare ici, en sa présence, mes dernières volontés et mes sentimens.

Je laisse mon âme à Dieu, mon créateur; je le prie de la recevoir dans sa miséricorde, et de ne pas la juger d'après ses mérites, mais par ceux de notre Seigneur Jésus-Christ, qui s'est offert en sacrifice à Dieu, son père, pour nous autres hommes, quelqu'indignes que nous en fussions, moi le premier.

Je meurs dans l'union de notre sainte mère l'Eglise catholique, apostolique et romaine, qui tient ses pouvoirs, par une succession non interrompue, de Saint-Pierre, auquel Jésus-Christ les avait confiés. Je crois fermement et je confesse tout ce qui est contenu dans le symbole et les commandemens de Dieu et de l'Église, les sacremens et les mystères ; tels que l'Église catholique les enseigne et les a toujours enseignés.

Je n'ai jamais prétendu me rendre juge dans les différentes manières d'expliquer les dogmes qui déchirent l'Église de Jésus-Christ ; mais je m'en suis rapporté et m'en rapporterai toujours, si Dieu m'accorde vie, aux décisions que les supérieurs ecclésiastiques, unis à la sainte Église catholique, donnent et donneront, conformément à la discipline de l'Église, suivie depuis Jésus-Christ.

Je plains de tout mon cœur nos frères qui peuvent être dans l'erreur ; mais je ne prétends pas les juger, et je ne les aime pas moins tous en Jésus-Christ, suivant ce que la charité chrétienne nous enseigne. Je prie Dieu de me pardonner tous mes péchés ; j'ai cherché à les connaître scrupuleusement, à

les détester et à m'humilier en sa présence.
Ne pouvant me servir du ministère d'un
prêtre catholique, je prie Dieu de recevoir
la confession que je lui en ai faite, et surtout le repentir profond que j'ai d'avoir mis
mon nom (quoique cela fût contre ma volonté) à des actes qui peuvent être contraires
à la discipline de l'Église catholique, à laquelle je suis toujours resté sincèrement uni
de cœur. Je prie Dieu de recevoir la ferme
résolution où je suis, s'il m'accorde vie, de
me servir, aussitôt que je le pourrai, du
ministère d'un prêtre catholique, pour m'accuser de tous mes péchés et recevoir le sacre-
ment de pénitence.

Je prie tous ceux que je pourrais avoir
offensés par inadvertance (car je ne me rappelle pas d'avoir fait sciemment aucune of-
fense à personne), ou ceux à qui j'aurais pu
avoir donné de mauvais exemples ou des scan-
dales, de me pardonner le mal qu'ils croient
que je peux leur avoir fait.

Je prie tous ceux qui ont de la charité
d'unir leurs prières aux miennes, pour obtenir de Dieu le pardon de mes péchés.

Je pardonne de tout mon cœur à ceux qui
se sont faits mes ennemis sans que je leur en
aie donné aucun sujet, et je prie Dieu de

leur pardonner, de même qu'à ceux qui, par un faux zèle, ou par un zèle mal entendu, m'ont fait beaucoup de mal.

Je recommande à Dieu ma femme, mes enfans, ma sœur, mes tantes, mes frères, et tous ceux qui me sont attachés par les liens du sang, ou par quelque autre manière que ce puisse être ; je prie Dieu particulièrement de jeter des yeux de miséricorde sur ma femme, mes enfans et ma sœur, qui souffrent depuis long-temps avec moi, de les soutenir par sa grâce, s'ils viennent à me perdre, et tant qu'ils resteront dans ce monde périssable.

Je recommande mes enfans à ma femme ; je n'ai jamais douté de sa tendresse maternelle pour eux ; je lui recommande surtout d'en faire de bons chrétiens et d'honnêtes gens, de ne leur faire regarder les grandeurs de ce monde-ci (s'ils sont condamnés à les éprouver) que comme des biens dangereux et périssables, et de tourner leurs regards vers la seule gloire solide et durable de l'éternité. Je prie ma sœur de vouloir bien continuer sa tendresse à mes enfans, et de leur tenir lieu de mère, s'ils avaient le malheur de perdre la leur.

Je prie ma femme de me pardonner tous

les maux qu'elle souffre pour moi, et les chagrins que je pourrais lui avoir donnés dans le cours de notre union, comme elle peut être bien sûre que je ne garde rien contre elle, si elle croyait avoir quelque chose à se reprocher.

Je recommande bien vivement à mes enfans, après ce qu'ils doivent à Dieu, qui doit marcher avant tout, de rester toujours unis entre eux, soumis et obéissans à leur mère, et reconnaissans de tous les soins et les peines qu'elle se donne pour eux; et en mémoire de moi, je les prie de regarder ma sœur comme une seconde mère.

Je recommande à mon fils, *s'il avait le malheur de devenir Roi, de songer qu'il se doit entièrement au bonheur de son peuple; qu'il doit oublier toute haine et tout ressentiment, et nommément tout ce qui a rapport aux malheurs et aux chagrins que j'éprouve; qu'il ne peut faire le bonheur de ses sujets qu'en régnant suivant les lois; mais en même temps qu'un Roi ne peut les faire respecter, et faire le bien qui est dans son cœur, qu'autant qu'il a l'autorité nécessaire, et qu'autrement, étant lié dans ses opérations, et n'inspirant point de respect, il est plus nuisible qu'utile.*

(71)

Je recommande à mon fils d'avoir soin de toutes les personnes qui m'étaient attachées, autant que les circonstances où il se trouvera lui en donneront les facultés; de songer que c'est une dette sacrée que j'ai contractée avec les enfans ou les parens de ceux qui ont péri pour moi, et ensuite de ceux qui sont malheureux pour moi. Je sais qu'il y a plusieurs personnes, de celles qui m'étaient attachées, qui ne se sont pas conduites envers moi comme elles le devaient, et qui m'ont même montré de l'ingratitude; mais je leur pardonne (souvent, dans les momens de trouble et d'effervescence, on n'est pas le maître de soi), et je prie mon fils, s'il en trouve l'occasion, de ne songer qu'à leurs malheurs.

Je voudrais pouvoir témoigner ici ma reconnaissance à ceux qui m'ont montré un véritable attachement et désintéressé; d'un côté, si j'étais sensiblement touché de l'ingratitude et de la déloyauté de gens à qui je n'avais jamais témoigné que des bontés, à eux ou à leurs parens et amis; de l'autre, j'ai eu de la consolation à voir l'attachement et l'intérêt gratuit que beaucoup de personnes m'ont montrés; je les prie d'en recevoir tous mes remercîmens.

Dans la situation où sont encore les choses, je craindrais de les compromettre si je parlais explicitement; mais je recommande spécialement à mon fils de chercher les occasions de pouvoir les reconnaître.

Je croirais calomnier cependant les sentimens de la nation, si je ne recommandais ouvertement à mon fils MM. de Chamilly et Hue, que leur véritable attachement avait porté à s'enfermer avec moi dans ce triste séjour, et qui ont pensé en être les malheureuses victimes. Je lui recommande aussi *Cléry*, des soins duquel j'ai eu tout lieu de me louer depuis qu'il est avec moi. Comme c'est lui qui est resté avec moi jusqu'à la fin, je prie MM. de la Commune de lui remettre mes hardes, mes livres, ma montre, ma bourse, et les autres petits effets qui ont été déposés au conseil de la Commune.

Je pardonne encore très-volontiers à ceux qui me gardaient à vue, les mauvais traitemens et les gênes dont ils ont cru devoir user envers moi. J'ai trouvé quelques âmes sensibles et compatissantes; que celles-là jouissent dans leur cœur de la tranquillité que doit leur donner leur façon de penser.

Je prie MM. *de Malesherbes, Tronchet*

et *de Sèze*, de recevoir ici tous mes remercîmens et l'expression de ma sensibilité,
pour tous les soins et peines qu'ils se sont
donnés pour moi.

Je finis en déclarant devant Dieu, et prêt
à paraître devant lui, que je ne me reproche
aucun des crimes qui sont avancés contre moi.

Fait double, à la tour du Temple, le 25
décembre 1792.

Signé LOUIS.

Et au-dessous, *Baudrais*, officier municipal, envoyé de la Commune de Paris.

Baudrais, étant de service au Temple, le
21 janvier 1793, avant d'apposer les scellés
sur les papiers trouvés dans le cabinet du
Roi, fit la copie ci-dessus, *sur l'original* du
testament, *entièrement écrit de la main de*
SA MAJESTÉ. Cette copie a été ensuite authen-
tiquement collationnée sur l'original, et a été
reconnue parfaitement exacte.

Ce précieux monument de la vertu la plus
sublime, de l'âme la plus grande, la plus
pure, assure l'immortalité au Prince qui n'est
plus, et est, en même temps, l'arrêt de mort
de ses assassins encore vivans, qu'aucun repentir n'a rendu dignes de pardon.

Copie de la Lettre du Roi, Louis XVIII, à M. l'abbé de Firmont, confesseur de Louis XVI.

A Blankembourg, le 19 septembre 1796.

J'ai appris, monsieur, avec une extrême satisfaction, que vous avez enfin échappé à tous les dangers auxquels votre sublime dévouement vous a exposé. Je remercie sincèrement la divine Providence d'avoir daigné conserver en vous un de ses plus fidèles ministres, et l'unique confident des dernières pensées d'un frère dont je pleurerai sans cesse la perte, dont tous les bons Français béniront à jamais la mémoire ; d'un martyr dont vous avez le premier proclamé le triomphe, et dont j'espère que l'Eglise consacrera un jour les vertus. Le miracle de votre conservation me fait espérer que Dieu n'a pas encore abandonné la France ; il veut sans doute qu'un témoin irréprochable atteste à tous les Français l'amour dont leur Roi fut sans cesse animé pour eux, afin que, connaissant toute l'étendue de leur perte, ils ne se bornent pas à de stériles regrets, mais qu'ils cherchent, en se jetant dans les bras d'un père qui les leur tend, le seul adoucissement que leur juste douleur puisse recevoir. Je vous exhorte donc, monsieur, ou plutôt je vous demande avec instance de recueillir et de publier tout ce que votre saint ministère ne vous ordonne pas de taire. C'est le plus beau monument que je puisse ériger au meilleur des Rois, et au plus chéri des frères.

Je voudrais pouvoir, monsieur, vous donner des preuves efficaces de ma profonde estime, mais je ne peux vous offrir que mon admiration et ma reconnaissance ; ce sont les sentimens les plus dignes de vous.

Signé, Louis.

On croit devoir faire connaître au public,

L'exécution des ordres du Roi pour la recherche des précieux restes de Louis XVI, et de la Reine Marie-Antoinette ;

Leur translation dans la sépulture des Rois de France, à l'Eglise royale de Saint-Denis ;

Les cérémonies expiatoires qui ont eu lieu dans cette Eglise le 21 janvier 1815 ;

Et les témoignages de satisfaction et de gratitude donnés par le Roi et par Madame, Duchesse d'Angoulême, à M. *Descloseaux*.

INFORMATION

*Faite en exécution des ordres du Roi,
par Mgr. le Chancelier.*

LE vingt-deux mai mil huit cent quatorze,
par-devant moi, Charles-Henri *Dambray*,
Chancelier de France, chargé par SA MAJESTÉ,
personnellement, de constater les circonstances
qui ont précédé, accompagné et suivi l'inhumation de S. M. *Louis XVI* et de *la Reine*;

Ont comparu les témoins ci-après dénom-
més, que j'ai mandés chez moi, sur l'indication
qui m'avait été donnée de leurs noms par
SA MAJESTÉ.

1º. Le sieur François-Silvain *Renard*, ancien
vicaire de la Madeleine, domicilié rue de Cau-
martin, nº. 12, lequel, après serment de dire
la vérité, a déposé ainsi qu'il suit :

Le 20 janvier 1793, le Pouvoir exécutif manda
M. *Picavez*, curé de la paroisse de la Madeleine,
pour le charger de l'exécution de ses ordres relativement aux obsèques de S. M. *Louis XVI*.

M. *Picavez*, ne se sentant pas le courage
nécessaire pour remplir une fonction aussi pénible et aussi douloureuse, prétexta une maladie, et m'engagea, comme son premier vicaire,
à le remplacer, et à veiller, sous ma responsa-
bilité, à la stricte exécution des ordres intimés

par le Pouvoir exécutif. Ma réponse fut d'abord un refus positif, fondé sur ce que personne n'a peut-être aimé *Louis XVI* plus que moi ; mais sur l'observation juste que M. *Picavez* me fit, que ce double refus pourrait avoir des suites fâcheuses et incalculables pour nous deux, j'acceptai.

En conséquence, le lendemain 21, après m'être assuré que les ordres prescrits par le Pouvoir exécutif, et relatifs à la quantité de chaux ordonnée et à la profondeur de la fosse, qui, autant que je peux me le rappeler, devait être de dix à douze pieds, avaient été ponctuellement exécutés ; j'attendis à la porte de l'église, accompagné de la Croix et de feu M. l'*abbé Damoreau*, que l'on nous remît le corps de S. M.

Sur la demande que j'en fis, les membres du Département et de la Commune me répondirent que les ordres qu'ils avaient reçus leur prescrivaient de ne pas perdre de vue un seul instant le corps de S. M. Nous fûmes donc obligés, M. *Damoreau* et moi, de les accompagner jusqu'au cimetière, situé rue d'Anjou.

Arrivés au cimetière, je fis faire le plus grand silence. L'on nous présenta le corps de S. M. Elle était vêtue d'un gilet de piqué blanc, d'une culotte de soie grise, et les bas pareils. Nous psalmodiâmes les vêpres, et récitâmes toutes les prières usitées pour le service des morts, et, je dois dire la vérité, cette même populace qui, naguère, faisait retentir l'air de ses vociférations, entendit les prières pour le repos de l'âme de S. M. avec le silence le plus religieux.

Avant de descendre dans la fosse le corps de S. M., mis à découvert dans la bière, il fut jeté au fond de ladite fosse, distante de dix pieds environ du mur, d'après les ordres du Pouvoir exécutif, un lit de chaux vive ; le corps fut ensuite couvert d'un lit de chaux vive, d'un lit de terre, et le tout fortement battu à plusieurs reprises.

Nous nous retirâmes ensuite en silence, après cette trop pénible cérémonie, et il fut, autant que je peux me le rappeler, dressé, par M. le juge de paix, un procès-verbal qui fut signé de deux membres du Département, et de deux de la Commune. Je dressai aussi un acte mortuaire en rentrant à l'église, mais sur un simple registre, lequel fut enlevé par les membres du comité révolutionnaire, lors de la clôture de cette église.

Ce qui est tout ce que le témoin à dit savoir, et a signé, après lecture faite. *Signé*, RENARD.

2º. Le sieur Antoine *Lamaignère*, juge de paix du premier arrondissement, demeurant rue de la Concorde, nº. 8, lequel, après serment de dire la vérité, nous a dit :

Qu'il n'avait pas assisté à l'inhumation du Roi, mais qu'il s'était transporté sur les lieux au moment où le corps de S. M. était déjà couvert de chaux ; et que la place qui, aujourd'hui, est conservée dans le jardin du sieur *Descloseaux*, ancien avocat, est bien celle où le Roi a été inhumé ; et a signé, après lecture faite. *Signé*, Lamaignère.

3°. Le sieur Jean-Richard-Eve *Vaudremont*, greffier du juge de paix du premier arrondissement, demeurant rue de la Concorde, n°. 8, après serment de dire la vérité, nous a dit :

Qu'il avait accompagné le juge de paix auquel il est attaché, dans la visite qu'il avait faite au cimetière de la Madeleine, rue d'Anjou, peu de temps après l'inhumation du Roi, et pendant qu'on recouvrait la fosse, et qu'il est en état d'attester que le corps de S. M. avait été placé dans le même local qui se trouve aujourd'hui marqué par des saules pleureurs dans le jardin du sieur *Descloseaux* ; et a signé, après lecture faite. *Signé*, Vaudremont.

4°. Le sieur Dominique-Emmanuel *Danjou*, ancien avocat, domicilié rue d'Anjou, n°. 48, lequel, après serment de dire la vérité, nous a dit :

Qu'il avait été également témoin de l'inhumation du Roi *Louis XVI*, et de S. M. *la*

Reine ; qu'il les avait vus descendre tous deux dans la fosse, dans des bières découvertes, qui ont été chargées de chaux et de terre ; que la tête du Roi, séparée de son corps, était entre ses jambes ; qu'il n'avait jamais perdu de vue une place devenue si précieuse, et qu'il regardait comme sacrée, quand il a vu faire, par son beau-père, l'acquisition du terrain déjà enclos de murs, et qu'il a fait exhausser pour plus grande sûreté ; que le carré où se trouvent les corps de LL. MM., a été entouré, par ses soins, d'une charmille fermée, et qu'il y a été planté des saules pleureurs et des cyprès ; et a signé, après lecture faite. *Signé*, DANJOU.

5°. Alexandre-Etienne-Hyppolyte, *Baron de Baye*, maréchal des camps et armées du Roi, lequel, après serment de dire la vérité, nous a dit :

Qu'il avait vu passer la voiture qui conduisait au cimetière de la rue d'Anjou, le corps de S. M. le Roi, mais qu'il n'avait pas suivi l'inhumation : a seulement entendu dire d'une manière positive, que le corps de S. M. avait été placé dans le local décoré, depuis, par les soins de M. *Descloseaux* ; qu'il a même connaissance qu'on a offert audit sieur *Descloseaux* un hôtel à Paris, en échange de ce précieux terrain, que ledit sieur *Descloseaux* a voulu conserver ; et a signé , après lecture faite. *Signé* BAYE.

Fait et clos à Paris , à l'hôtel de la Chancellerie , le vingt-deux mai dix-huit cent quatorze. *Signé* DAMBRAY.

Le dix-huit janvier dix-huit cent quinze , nous soussignés , Charles-Henry *Dambray* , Chancelier de France , Commandeur des ordres du Roi , accompagné de M. le *Comte de Blacas* , ministre et secrétaire d'Etat au département de la Maison du Roi ; de M. le *Bailli de Crussol* , chevalier des ordres du Roi , Pair de France ; de M. *de la Fare* , évêque de Nancy , premier aumônier de S. A. R. MADAME , Duchesse d'Angoulême ; et enfin, de M. Philippe *Distel* , chirurgien de S. M. , commissaires nommés avec nous par LE ROI, pour procéder à la recherche des restes précieux de LL. MM. *Louis XVI* et de la Reine *Marie-Antoinette* , son auguste épouse.

Nous sommes transportés , à huit heures du matin , à l'ancien cimetière de la Madeleine , rue d'Anjou Saint-Honoré , n°. 48.

Entrés dans la maison attenant , à laquelle le cimetière sert aujourd'hui de jardin , ladite maison occupée par le sieur *Descloseaux* , qui avait acheté précédemment ledit cimetière , pour veiller lui-même à la conservation des restés précieux qui s'y trouvent déposés, nous avons trouvé ledit sieur *Descloseaux* avec le sieur *Danjou*, son gendre, et plusieurs personnes de sa famille, lesquels nous ont conduits dans l'ancien cimetière, et nous ont indiqué de nouveau la place où ledit sieur *Danjou* nous avait déclaré qu'il croyait pouvoir assurer que les corps de LL. MM. avaient été déposés, ainsi qu'il est constaté par l'information que nous avons faite le 22 mai dernier. Ayant ainsi reconnu de nouveau le côté du jardin où nous devions faire les recherches qui nous étaient prescrites, nous les avons commencées par celles du corps de S. M. *la Reine*, afin d'arriver plus sûrement à découvrir celui de S. M. *Louis XVI*, que nous avions lieu de croire plus près du mur du cimetière, du côté de la rue d'Anjou.

Après avoir fait faire par des ouvriers, du nombre desquels se trouvait un témoin de l'inhumation de la Reine, une découverte de terre de dix pieds de long sur cinq à six de largeur, et cinq ou environ de profondeur, nous avons rencontré un lit de chaux de dix ou onze pouces d'épaisseur, que nous avons fait enlever avec beaucoup de précaution, et sous lesquels nous avons trouvé l'empreinte bien distincte d'une bière de cinq pieds et demi ou environ de longueur, ladite empreinte tracée au milieu d'un lit épais de chaux, et le long de laquelle se trouvaient plusieurs débris de planches encore intacts. Nous avons trouvé dans cette bière un grand nombre d'ossemens que nous avons soigneusement recueillis. Il en manquait cependant quelques-uns, qui, sans doute, étaient déjà réduits en poussière ; mais nous avons trouvé la tête entière, et la position où elle était placée indiquait, d'une manière incontestable, qu'elle avait été détachée du tronc. Nous avons trouvé également quelques débris de vêtemens, et notamment deux jarretières élastiques assez bien conservées, que nous avons retirées pour être portées à Sa Majesté, ainsi que deux débris du cercueil. Nous avons respectueusement placé le surplus dans une boîte que nous avons fait apporter, en attendant le cercueil de plomb que nous avons commandé. Nous avons également mis à part et serré dans une autre boîte, la terre et la chaux trouvées avec les ossemens, et qui doivent être renfermées dans le même cercueil.

Cette opération faite, nous avons fait couvrir de fortes planches la place où se trouvait l'empreinte de la bière de S. M. *la Reine*, et nous avons procédé à la recherche des restes de S. M. *Louis XVI*.

Suivant à cet égard les premières indications qui nous avaient été données, nous avons fait creuser entre la place où le corps de la Reine avait été trouvé, et le mur du cimetière sur la rue d'Anjou, une large ouverture de douze pieds de longueur, et jusqu'à douze pieds de profondeur, sans rien rencontrer qui nous annonçât le lit de chaux indicatif de la sépulture du Roi. Nous avons reconnu la nécessité de creuser un peu plus bas, et toujours dans la même direction; mais l'approche de la nuit nous a déterminés à suspendre le travail, et à l'ajourner jusqu'à demain.

Nous sommes en conséquence sortis du cimetière, avec les ouvriers que nous avions amenés; nous en avons soigneusement fermé la porte, en en prenant les clefs, et après avoir retiré les deux caisses sus-mentionnées, que nous avons portées dans le salon du sieur *Descloseaux*, après les avoir scellées d'un cachet aux armes de France : lesdites caisses, couvertes d'un drap mortuaire, ont été entourées de cierges, et plusieurs ecclésiastiques de la chapelle de SA MAJESTÉ sont arrivés pour réciter pendant la nuit, auprès de ces précieux restes, les prières de l'Eglise.

Le Directeur général de la police, que nous avons mandé, a été chargé de placer une garde à la porte et autour du cimetière, et nous avons ajourné à demain 19, à huit heures du matin, la suite de nos opérations, dont nous avons arrêté et signé le présent procès-verbal, qui l'a été également par le sieur *Descloseaux*, propriétaire du terrain, et par le sieur *Danjou*, son gendre.

Fait à Paris, les jour et an que dessus. Signé, *le Chancelier de France*, DAMBRAY; BLACAS D'AULPS; BAILLI DE CRUSSOL; A. L. H. DE LA FARE, évêque de Nancy; DISTEL, DESCLOSEAUX et DANJOU.

— — —

Le dix-neuf janvier dix-huit cent quinze, nous nous sommes de nouveau transportés au cimetière ci-dessus désigné, où nous sommes entrés à huit heures et demie du matin, avec les ouvriers que nous avions mandés, pour continuer les travaux commencés.

Lesdits ouvriers ont ouvert en notre présence une tranchée profonde de sept pieds, un peu au-dessous de la tombe de S. M. *la Reine*, et plus près du mur, du côté de la rue d'Anjou. Nous avons découvert, à ladite profondeur, quelques parties de terre mêlées de chaux, et quelques minces débris de planches, indicatifs d'un cercueil de bois. Nous avons fait continuer la fouille avec plus de précaution; mais au lieu de trouver un lit de chaux pure, comme autour du cercueil de la Reine, nous avons reconnu que la terre et

la chaux avaient été mêlées à dessein, en telle
sorte, cependant, que la chaux dominait beaucoup dans ce mélange, mais n'avait pas la même
consistance que celle trouvée dans notre opération d'hier. C'est au milieu de cette chaux et de
cette terre, que nous avons trouvé les ossemens
d'un corps d'homme, dont plusieurs, presqu'entièrement corrodés, étaient près de tomber en
poussière. La tête était couverte de chaux, et
elle se trouvait placée au milieu de deux os de
jambes, circonstance d'autant plus remarquable,
que cette situation était indiquée comme celle de
la tête de *Louis XVI*, dans l'information que
nous avons faite le 22 mai dernier.

Nous avons recherché soigneusement s'il ne
restait aucune trace de vêtemens, sans pouvoir
en découvrir, sans doute parce que la quantité
de chaux étant beaucoup plus considérable,
avait produit plus d'effet.

Nous avons rassemblé tous les restes que nous
avons pu recueillir dans cet amas confus de terre
et de chaux, et nous les avons réunis dans un
grand drap préparé à cet effet, ainsi que plusieurs morceaux de chaux encore entiers.

Quoique la place où ce corps avait été découvert fût celle où plusieurs témoins oculaires
de l'inhumation nous avaient déclaré que celui
de S. M. avait été déposé, et que la situation de

la tête ne nous laissât aucun doute sur le résultat
de notre opération , nous n'avons pas laissé encore de faire enlever à vingt-cinq pieds de dis-
tance, jusqu'à dix ou douze pieds de terre, pour
chercher s'il n'existait pas de lit complet de
chaux, qui nous indiquât une autre sépulture
du Roi, aussi positivement que celle de la Reine.
Mais cette épreuve surabondante nous a con-
vaincus plus complètement encore, que nous
étions en possession des restes précieux objet de
nos recherches.

Nous les avons enfermés avec respect dans une
grande boîte (1) que nous avons ficelée et scel-
lée d'un cachet aux armes de France. Nous
avons ensuite apporté cette boîte dans le même
salon où les restes de S. M. la Reine avaient été
déposés hier, afin que les ecclésiastiques déjà
rassemblés pussent continuer auprès des deux
corps les prières de l'Eglise , jusqu'au moment

---

(1) M. le comte de Blacas proposa de mettre aussi dans
cette boîte, le drap où avaient d'abord été rassemblés les
ossemens. «Il n'est pas nécessaire, répondit-on.—Il faut
» donc le brûler, reprit M. le comte de Blacas, car il a
» touché les ossemens du Roi. » Et le drap fut mis dans
la boîte.

(*Notice sur l'Exhumation de* LL. MM. Louis XVI
et Marie-Antoinette ; *par* Edme-Louis-Barbier.)

qui sera fixé par le Roi pour leur placement dans des cercueils de plomb, et le transport desdits cercueils à l'église royale de Saint-Denis.

De tout quoi, nous avons rédigé et écrit le présent procès-verbal, qui a été signé par les mêmes commissaires et témoins que dans notre séance d'hier, et en outre, par M. *le duc de Duras*, Pair de France, premier gentilhomme de la chambre de S. M.; par M. *le marquis de Dreux-Brezé*, grand-maître des cérémonies de France, qui ont assisté à nos opérations d'aujourd'hui, et par M. *l'abbé d'Astros*, vicaire général de l'église de Paris, l'un des administrateurs du diocèse, le siége vacant, qui s'est réuni à nous pour la présente exhumation.

Fait et clos à Paris, rue d'Anjou, n° 48, à quatre heures du soir, les jour et an que dessus. Signé, *le Chancelier de France*, DAMBRAY; BLACAS D'AULPS; BAILLI DE CRUSSOL; A. L. H. DE LA FARE, évêque de Nancy; LE DUC DE DURAS; LE MARQUIS DE BREZÉ; L'ABBÉ D'ASTROS; DESCLOSEAUX; DANJOU et DISTEL.

Le vingt janvier dix-huit cent quinze, à deux heures après midi, nous nous sommes rendus, suivant les ordres du Roi, dans la maison du sieur *Descloseaux*, rue d'Anjou, n° 48, où étant arrivés, nous avons trouvé réunis les mêmes commissaires qui avaient assisté à nos précédentes opérations, et les personnes que le droit de leurs charges, ou l'ordre du Roi y avaient rassemblées pour être présentes au placement dans les cercueils de plomb, des restes précieux de LL. MM. *Louis XVI*, et la Reine *Marie-Antoinette*, déposés dans un salon de ladite maison, dans des caisses ficelées et cachetées; savoir, les commissaires du Roi dont les noms suivent :

M. *le Comte de Blacas*, grand-maître de la garde-robe du Roi, ministre et secrétaire-d'État au département de la maison de S. M. ; M. *le Bailli de Crussol*, Pair de France, chevalier des Ordres du Roi; M. *de la Fare*, évêque de Nancy, premier aumônier de S. A. R. Madame, duchesse d'Angoulême ; et en outre, M. *le duc de Duras*, Pair de France, premier gentilhomme de la chambre de Sa Majesté ; et M. *de Noailles, prince de Poix*, Pair de France, capitaine des gardes-du-corps de Sa Majesté, ayant été de service auprès de S. M. *Louis XVI*, jusques et compris le 10 août 1792.

En présence desquelles personnes nous avons examiné les boîtes sus-mentionnées, dont nous avons reconnu les cachets sains et entiers; et, après les avoir rompus, nous avons procédé à la translation des précieux restes, desdites boîtes, dans les cercueils de plomb préparés à cet effet.

Les dépouilles mortelles de S. M. *Louis XVI* ont été placées dans un grand cercueil, avec plusieurs morceaux de chaux qui avaient été trouvés entiers, et le long desquels paraissaient quelques vestiges des planches du cercueil de bois. Lé cercueil de plomb a été ensuite recouvert, et soudé par les plombiers que nous avions mandés, et sur le couvercle a été posée une plaque de vermeil avec cette inscription :

ICI EST LE CORPS DE TRÈS-HAUT, TRÈS-PUISSANT ET TRÈS-EXCELLENT PRINCE, LOUIS, XVIme. DU NOM, PAR LA GRACE DE DIEU, ROI DE FRANCE ET DE NAVARRE.

La même opération a été faite, en présence des mêmes personnes, à l'égard des restes de S. M. *la Reine Marie-Antoinette*, et le cercueil qui les contient, pareillement recouvert et soudé par les mêmes plombiers, avec cette inscription :

ICI EST LE CORPS DE TRÈS-HAUTE, TRÈS-PUISSANTE ET TRÈS-EXCELLENTE PRINCESSE, MARIE-ANTOINETTE-JOSEPHE-JEANNE DE LORRAINE, ÉPOUSE DE TRÈS-HAUT, TRÈS-

PUISSANT ET TRÈS-EXCELLENT PRINCE, LOUIS, XVIme. DU NOM, PAR LA GRACE DE DIEU, ROI DE FRANCE ET DE NAVARRE.

Les deux cercueils ont ensuite été replacés sous le drap mortuaire, en attendant l'époque fixée par le Roi pour le transport des deux corps à Saint-Denis.

De tout quoi, nous avons fait et clos le présent procès-verbal, qui a été signé avec nous par les personnes ci-dessus dénommées, ensemble par M. *Descloseaux*, propriétaire de la maison, et le sieur *Danjou*, son gendre.

A Paris, les jour et an que dessus.

Signé, *le Chancelier de France*, DAMBRAY; BLACAS D'AULPS; BAILLI DE CRUSSOL; L. A. H. DE LA FARE, évêque de Nancy; LE DUC DE DUBAS; DE NOAILLES, PRINCE DE POIX; DESCLOSEAUX, et DANJOU.

———

Le Vendredi 20 janvier 1815, de huit à dix heures du soir, on célébra, dans la chapelle du château des Tuileries, l'office des morts. Le Roi, les Princes et toute la Cour y assistèrent.

Le samedi 21 (anniversaire du jour fatal qui

sera, à perpétuité, pour les bons Français, un sujet de douleur et de larmes), à huit heures précises du matin, Monsieur, et les Princes ses fils se rendirent rue d'Anjou. Arrivés au cimetière, LL. AA. RR. entrèrent sous la tente où étaient déposés les cercueils du Roi martyr et de son auguste épouse, et se mirent à genoux devant leurs précieux restes ; ils y restèrent près de dix minutes dans un profond recueillement, les yeux remplis de larmes. On récita les prières des morts, et ensuite on posa, en présence des Princes, la première pierre de la chapelle que l'on doit construire sur l'emplacement où l'on a trouvé les restes du Roi et de la Reine. Les cercueils furent placés dans le corbillard par les gardes-du-corps du Roi.

Au moment où les vénérables reliques sortirent du cimetière, tous les spectateurs, comme par un mouvement surnaturel et irrésistible, *tombèrent spontanément à genoux*, et tous les yeux se remplirent de larmes expiatoires. Il est impossible de voir un spectacle plus imposant et plus touchant. Une foule immense suivit le cortége depuis la rue d'Anjou jusqu'à Saint-Denis.

Le convoi marchait dans l'ordre suivant :
M. le Gouverneur de Paris et son état-major.
MM. les Officiers de la place de Paris.

Les Grenadiers royaux.

Trois voitures à huit chevaux, drapées et blasonnées.

Les Mousquetaires noirs et les Mousquetaires gris.

Les Gendarmes de la garde.

Cinq voitures à huit chevaux, drapées et blasonnées.

Trois voitures à huit chevaux, caparaçonnés de deuil. Dans ces voitures étaient MONSIEUR ; Monseigneur le Duc d'Angoulême; Monseigneur le Duc de Berry; M. le Duc d'Orléans ; M. le Prince de Condé; Madame la Duchesse d'Orléans ; Mademoiselle d'Orléans; Madame la Duchesse de Bourbon.

Le roi d'armes et les héraults d'armes.

Le corbillard, semblable au catafalque dont il sera parlé ci-après.

Les quatre compagnies des Gardes-du-Corps.

Plusieurs corps de cavalerie.

Le convoi arriva à Saint-Denis à midi et demi.

La nef de l'église royale était coupée en deux parties par un portique formé d'un grand arc gothique, et tendu de noir comme le reste de l'église.

Au-delà de ce portique, sous un large pavillon garni d'hermine, s'élevait le catafalque, composé d'un sarcophage surmonté de deux couronnes voilées par un crêpe funèbre, accompa-

gnées d'un manteau de drap d'or, et du manteau royal. Au pied du sarcophage, on avait
déposé la couronne, le sceptre, l'épée et la
main de justice. L'intérieur du soubassement de
ce sarcophage, était disposé pour recevoir les
deux cercueils qui y furent apportés et placés
par MM. les Gardes de la compagnie Ecossaise.
L'un et l'autre étaient couverts d'un drap noir,
orné d'une grande croix blanche, au centre de
laquelle était posée la plaque de vermeil, où est
gravée l'inscription que nous avons rapportée
plus haut.

A la droite du monument étaient les stales
destinées aux princes, et les places occupées par
MM. les Maréchaux de France, MM. les Ministres, M. *de Sèze*, M. *Descloseaux*, le
clergé de la grande aumônerie, et les principaux
officiers de la Maison du Roi.

La famille *de Lamoignon* était placée sur un
banc particulier.

A la gauche, les stales destinées aux Princesses, et les places occupées par MM. les Généraux, MM. les Ambassadeurs, un grand
nombre de membres de la Chambre des Pairs et
de celle des Députés. D'autres places avaient
été réservées aux députations des Cours souve-
raines, du Corps départemental et du Corps
municipal.

Les Princes et les Princesses arrivés avant le convoi, et qui s'étaient réunis dans les appartemens préparés à l'ancienne maison abbatiale, vinrent prendre place dans les stales qui leur avaient été destinées.

M. l'évêque d'Aire officiait, en l'absence de M. le grand aumônier, alors gravement indisposé.

MONSIEUR, les Princes ses fils, Madame la Duchesse d'Orléans, Mademoiselle d'Orléans et Madame la Duchesse de Bourbon, allèrent seules à l'offrande. Madame la Duchesse douairière d'Orléans ne put assister à cette cérémonie, ayant eu quelque temps auparavant une jambe cassée.

MONSIEUR portait l'uniforme de la garde nationale, et les Ducs d'Angoulême et de Berry, celui de l'infanterie légère.

Après l'offrande, M. l'évêque de Troyes prononça l'oraison funèbre de *Louis XVI*.

Immédiatement après la messe, on fit les cinq absoutes; ensuite quatre évêques, en chappe et en mître blanche, allèrent se placer aux quatre extrémités angulaires de l'entrée du caveau, semblable à l'ouverture d'une fosse, pendant que l'on y transférait les précieux restes de Louis XVI et de la Reine.

Lorsque les prières eurent été terminées,

MM. les Gardes de la compagnie Ecossaise descendirent les deux cercueils dans le caveau ; on
jeta dessus une pelletée de terre, et le clergé se
retira.

MONSIEUR, les Princes ses fils, les grands officiers, les héraults d'armes, descendirent alors
dans le caveau, y restèrent quelques instans
dans un recueillement religieux ; et après qu'ils
en furent remontés, on posa, en leur présence,
les pierres qui devaient en former la fermeture.

Il était cinq heures et demie lorsque les Princes
remontèrent en voiture pour revenir à Paris.

M. le Marquis *de Brezé*, grand-maître des
cérémonies, M. le Comte *de Blacas*, ministre de
la maison du Roi, y étaient aussi présens, ainsi
que M. le Curé de Saint-Denis, à qui M. le
Comte *de Blacas* confia la clef de la tombe
royale. (1)

---

(1) M. *Bélanger*, dessinateur du Cabinet du ROI,
(place qu'il exerçait auprès de MONSIEUR, aujourd'hui
LOUIS XVIII) a été chargé, en cette qualité, de tout ce
qui concernait la pompe funèbre à Saint-Denis, pour
l'anniversaire du 21 janvier en 1816. Il avait été présent
à toutes les opérations de l'exhumation des précieux restes
de LOUIS XVI et de la Reine MARIE-ANTOINETTE, et
il avait fait faire les cercueils de plomb où ils ont été
renfermés. C'est au constant dévouement de M. *Bélanger*

Le Roi désirant consacrer par un témoignage public et solennel, la douleur que la France n'avait pu jusqu'ici faire éclater, et qu'elle manifeste aujourd'hui d'une manière si touchante, au souvenir du plus horrible attentat, a ordonné que, le 21 janvier de chaque année, un service, pour le repos de l'âme de *Louis XVI*, serait célébré dans toutes les églises du royaume; que la Cour prendrait le deuil, ainsi que les autorités civiles et militaires; que les tribunaux vaqueraient, et que les théâtres seraient fermés.

Paris, le 20 janvier 1815.

Le Ministre de la Maison du Roi,

Signé, BLACAS D'AULPS.

———

Le Roi voulant récompenser le pieux dévoue-

———

à l'AUGUSTE MAISON DE BOURBON, que nous devons le buste le plus ressemblant qui existe de l'infortuné LOUIS XVII. Ayant été envoyé à la prison du Temple, avec M. *Rhodès*, secrétaire-général de la caisse d'escompte, il trouva le moyen de dessiner les traits du jeune Monarque. Il fit ensuite exécuter son buste par *Bamont*, et il a eu l'honneur de l'offrir à SA MAJESTÉ et à la *Famille royale*. M. *Bélanger* a aussi dirigé, en 1814, la fête du 3 mai, lors de l'heureux retour de LOUIS-LE-DÉSIRÉ dans sa Capitale.

7

ment de M. *Descloseaux*, qui a conservé à la France les dépouilles mortelles de LL. MM. le Roi Louis XVI, et la Reine son épouse, et qui, se rendant acquéreur du terrain où leurs corps avaient été inhumés, a ainsi veillé lui-même à la conservation de ce dépôt précieux, lui a accordé le cordon de l'ordre de Saint-Michel, et une pension reversible à ses deux filles.

––––––

S. A. R. Madame, Duchesse d'Angoulême, était allée se prosterner sur les tombeaux de son père et de sa mère, dans le jardin de M. *Descloseaux*, et y avait versé un torrent de larmes. S. A. R. voyant la profonde douleur de ce bon Français, lui dit que pour le dédommager de la perte qu'il allait faire des précieux restes de ses parens, elle allait lui envoyer leurs portraits, et peu de momens après, S. A. R. les lui fit remettre par M. le chevalier *de Turgy*.

––––––

Il ne suffisait pas que le sentiment le plus tendre eût porté Louis-le-Désiré à ordonner que des cérémonies expiatoires eussent lieu désormais, dans toutes les Eglises de France, *le* 21 *janvier*. Ce religieux hommage du plus sensible des frères, avait soulagé sa douleur; mais le peuple français, tout entier, avait un grand devoir à remplir. C'était de marquer la sienne, et son horreur pour le plus exécrable des attentats, en désavouant hautement ceux qui ont eu l'infâme scélératesse de le commettre en son nom.

M. le vicomte *de La Rochefoucault* (*Sosthène*), membre de la Chambre des Députés, se rendant l'interprète des Français, vient de mettre sous les yeux de ses collègues, et l'importance de ce devoir et le meilleur moyen d'y satisfaire.

Nous ne pouvons résister au désir de placer ici quelques passages du discours que M. le vicomte *de La Rochefoucault* a prononcé à ce sujet, dans la séance de la Chambre, le 9 décembre 1815.

« Le plus épouvantable des forfaits, dit-il, a été commis ; un Roi juste a péri victime de sa bonté !... Si, en supprimant tout récit d'un pareil attentat, on pouvait en effacer le souvenir, plût à Dieu que mon sang, répandu sur cette page de notre histoire, pût la détruire à jamais........ Il n'en est point ainsi, messieurs ; le crime a été commis, et il pèsera sur le peuple français tant qu'il ne l'aura point désavoué. Les assassins de Louis XVI vivent au milieu de nous ; ils n'ont pas été mis en jugement. Ce Roi trop bon avait pardonné ; mais qu'au moins, par notre désaveu, ils restent seuls chargés de tout le fardeau de l'iniquité.

» Que l'on ne suppose point qu'en revenant sur le passé, je veuille y trouver des coupables à punir... mais, en rejetant l'odieux d'un pareil forfait sur ceux qui l'ont commis, hâtons-nous de faire disparaître cette tache effrayante qui pèserait si injustement sur nous....... Que le premier usage d'une représentation vraiment nationale, soit d'attester notre liberté en prouvant nos sentimens..... Mandataires de la nation, ne sommes-nous pas chargés de tous ses intérêts, et en eut-elle jamais de plus chers et de plus sacrés !...... Si nous ne répondions point à son attente, n'aurait-elle pas le droit de nous accuser un jour d'avoir laissé rejaillir sur elle le sang d'un Roi qu'elle chérissait?..... Il faut justifier aux yeux de l'univers, aux yeux des siècles à venir, ce silence qu'elle fut si long-temps contrainte de garder ; il faut qu'à ses propres yeux elle soit entièrement lavée d'un crime qui ne fut pas son ouvrage.....

» Le meilleur des Rois a été immolé au milieu de nous, et aucun monument expiatoire, aucun acte religieux n'existent pour éterniser notre amour, nos regrets, notre douleur !..... Louis XVIII a payé à la mémoire d'un frère, Roi et martyr, le juste tribut d'hommages que son respect et sa tendresse semblaient lui demander....... Cet auguste exemple ne sera-t-il pas suivi par nous, et le plus sacré des devoirs ne vous sera-t-il point cher !....... Désavouons de la manière la plus solennelle le plus grand des forfaits, et en exprimant l'horreur qu'il nous inspire, montrons les sentimens de tous les Français.

» Plusieurs d'entre vous, Messieurs, penseront peut-être qu'il eût été juste que ces juges iniques reçussent dans leur patrie le châtiment dû à un si criminel attentat, ou qué, tout au moins , marqués du sceau ineffaçable de la réprobation , ils allassent chez l'étranger attester notre innocence et leur crime. Ce sentiment était aussi le mien , je l'avoue ; mais je me suis rappelé les paroles de ce testament , monument éternel de grandeur et de bonté , où Louis pardonne à ses bourreaux et offre sa vie pour ses sujets.

» Louis XVI a ordonné le pardon ; et Louis XVIII, enchaîné par un respect religieux , l'a promis. Cependant , cet anniversaire , aussi sacré que cruel , approche , et vous n'avez pas encore demandé un deuil général pour ce jour malheureux !....

» Auguste fille de nos Rois , nouvelle *Marie-Thérèse*, illustre victime que le malheur a sans cesse frappée, sans avoir jamais pu l'abattre , vous êtes venue vous associer à nos maux , et nous ne partagerions point votre douleur !...... Prosternée sur cette tombe sacrée , vos larmes ont imploré le ciel pour ce peuple témoin de vos trop cruelles souffrances , et ce peuple vous devrait la fin de ses maux , sans vous prouver sa reconnaissance et son amour !......

» Je me résume , Messieurs , et,

» Attendu que cette Chambre est la première assemblée légalement élue sous un gouvernement légitime, qui ait exercé librement ses pouvoirs , depuis cette époque malheureuse ;

» Attendu que le seul moyen de ne point laisser peser sur les Français un crime dont ils ne furent jamais coupables, est d'attester leur profonde douleur par un acte solennel ;

» Attendu que le désaveu formel de ce crime est dans le cœur de tous les Français ,

(102)

» Je demande que Sa Majesté soit suppliée de pro-
poser une loi par laquelle deux choses soient ordonnées :

» 1°. Un service solennel dans chaque Eglise de
France , pour consacrer le douloureux anniversaire
du 21 janvier.

» 2°. Ce même jour, un deuil général, pour attester
à jamais les regrets de tous les Français. »

———

La Chambre a pris en considération la proposition de M. le vicomte *de La Rochefoucault*,
et les bureaux s'en occupent en ce moment (22
décembre 1815).

Les nobles sentimens que MM. les Députés ne
cessent de manifester à l'effet de concourir aux
vues paternelles de notre Monarque si justement
chéri, sont les sûrs garans de leur empressement
à adopter la proposition de M. le vicomte *de La
Rochefoucault*; et ce digne chevalier français
trouvera, dans la reconnaissance publique, le
prix dû à l'honneur d'avoir, *le premier*, proposé
de détruire la flétrissante accusation qui pesait
sur la totalité du peuple français.

———

Telle était notre pensée *à la fin de décembre*
1815, époque à laquelle on imprimait la première

édition de cet ouvrage, que nous avons eu l'honneur de présenter AU ROI, *le 10 janvier 1816.* On va voir que nos espérances ont été promptement réalisées.

CHAMBRE DES DÉPUTÉS.

Séance du 17 janvier 1816.

M. le garde des sceaux étant entré dans la salle, M. le président l'invite à monter à la tribune.

M. le garde des sceaux. « Messieurs, un vœu
» général s'est fait entendre dans toute la France : la
» France entière demande une fête expiatoire qui con-
» sacre ses regrets et le respect religieux qu'elle gar-
» dera à perpétuité pour la mémoire du Prince que
» des parricides enlevèrent à son amour.

» Les actes que nous vous apportons, Messieurs,
» n'ont pas pris leur origine dans les Chambres seu-
» lement. Le deuil était dans tous les cœurs français
» dès le jour funeste où nous perdîmes celui qui ne
» voulait vivre que pour nous rendre heureux.

» Qu'un monument, qu'une fête funèbre attestent,
» dans tous les siècles, l'amour des Français pour une
» victime aussi auguste, aussi sainte : c'est l'objet
» de la loi dont nous vous apportons le projet.

» Messieurs, nous n'essaierons pas d'exprimer la
» douleur du Roi; nous nous bornerons à vous faire
» entendre la lecture du projet qu'il nous a chargé de
» vous présenter. »

Louis , etc.

Art. I^e . Le 21 janvier de chaque année , il y aura dans tout le Royaume un deuil général dont nous fixerons le mode. Ce jour sera férié.

II. Il sera fait le même jour , conformément aux ordres donnés par nous à ce sujet , l'année dernière , un service solennel dans chaque Eglise de France.

III. En expiation du crime de ce malheureux jour , il sera élevé au nom et aux frais de la nation , dans tel lieu qu'il nous plaira de désigner , un monument dont le mode sera réglé par nous.

IV. Il sera également élevé un monument au nom et aux frais de la nation , à la mémoire de *Louis XVII*, de la Reine *Marie-Antoinette* et de Madame *Elisabeth*.

V. Il sera aussi élevé un monument au nom et aux frais de la nation , à la mémoire du duc d'*Enghien*.

Signé Louis.

Le projet a été accepté sur-le-champ par des acclamations unanimes, et il a été décidé qu'il n'y avait pas lieu à voter au scrutin.

Le lendemain 18, la Chambre des Pairs s'empressa d'adopter cette loi expiatoire.

———

Une circulaire de S. E. le Ministre de l'intérieur, adressée à MM. les archevêques et évêques du royaume, interdit toute oraison funèbre de S. M. Louis XVI, au service qui sera célébré chaque année dans toute la France le 21 janvier, et ordonne de lire seulement en chaire le testament de cet auguste et infortuné Monarque. Ce monument à jamais révéré d'une bonté sublime, d'une résignation héroïque, et de la piété la plus exemplaire, est en effet le plus bel éloge qui puisse être prononcé du *Roi-martyr*, dans le jour solennel consacré à l'expiation du plus horrible attentat.

CHAMBRE DES PAIRS.

Séance du 9 janvier 1816.

Il appartenait à M. *de Sèze* de faire entendre sa voix sur la cérémonie funèbre du 21 janvier : c'est un droit que le courage et la vertu lui ont acquis, et que l'Europe avec la France se plaisent à lui reconnaître. Il a pris la parole pour appuyer la résolution adoptée par la chambre des Députés, et proposée par M. le vicomte de *La Roche-foucault*. L'orateur, sans s'arrêter à sa douleur particulière, s'est attaché à venger la nation d'avoir partagé le crime de la mort du Roi. Voici comment le défenseur de Louis XVI plaide cette nouvelle cause, si digne de son âme et de son éloquence :

« Messieurs, a-t-il dit, vous croyez bien que moi,
qui ai le cœur déchiré depuis tant d'années par le souvenir de l'inutilité même de mes efforts dans la cause sacrée ; moi, dont la douleur sera éternelle, je ne réclame
pas la parole uniquement pour appuyer une mesure d'expiation qui, hélas ! n'a aucun besoin de secours, et qui
en elle-même est si juste, si sage, si nécessaire, si
conforme au vœu national, si ardemment sollicitée depuis longtemps par les vrais Français, qu'il est bien impossible qu'elle éprouve la moindre contradiction parmi
vous ; mais puisque ce moment est enfin arrivé, je ne
veux pas le laisser passer sans saisir cette grande occasion
de vous révéler dans cette majestueuse enceinte un fait
dont moi seul peut-être j'ai connaissance, et qui, en
même temps qu'il rentre précisément dans cette mesure
dont l'objet surtout est de laver la nation française de la
calomnieuse imputation d'avoir pris une part au moins
tacite au crime affreux qui lui a coûté tant de sang et de
larmes, est trop honorable pour elle pour rester ignoré
plus longtemps.

» Je vais vous reporter, Messieurs, à une époque
bien déplorable, mais il faut que vous ayez le courage
d'y remonter un instant avec moi.

» A cette époque, si fatale pour la France, et je puis
dire aussi pour le monde, où quelques hommes si indignes de ce nom, et qui déshonoraient si honteuse-
ment la nature humaine, conçurent l'idée du plus atroce
des parricides, ils conçurent aussi l'exécrable projet d'y
associer le peuple français. Ils ne portaient pas dans ce
moment-là le délire jusqu'à oser prendre sur eux le forfait tout entier : ils auraient voulu que la France en
partageât l'éternel opprobre avec eux. Mais, malgré tous

les maux qu'ils avaient déjà faits à cette France qu'ils
avaient rendue leur victime, et à quelque excès qu'ils
eussent dépravé l'opinion publique, ils n'étaient pas sûrs
que le peuple français consentît à se rendre coupable,
par son approbation, de complicité dans leur horrible
attentat. Ils avaient le désir de lui soumettre leur jugement ; ils cherchaient à éloigner d'eux la terrible res-
ponsabilité de ce jugement dans les siècles. Ils auraient
voulu qu'il fût ratifié par le corps même de la nation ;
mais ils n'osaient pas s'exposer à solliciter cette ratification, sans être certains d'avance de l'événement : ils
cherchèrent donc à s'en assurer. Ils envoyèrent, dans la
plus grande partie des départemens, des commissaires
expressément chargés de sonder en secret les esprits et
de découvrir quel pourrait être le résultat du recours
qu'on se permettrait de tenter. Dans d'autres départemens, ils se contentèrent d'écrire aux autorités qu'ils
avaient créées, et de leur demander aussi la même instruction. Heureusement pour la France, Messieurs,
toutes les réponses furent les mêmes : de toutes les parties de sa vaste étendue, et les preuves les plus authen-
tiques en ont passé alors sous mes yeux, on leur déclara
que s'ils avaient l'épouvantable audace de juger leur Roi,
et encore plus celle de le condamner, et qu'on réunît
partout les assemblées primaires pour leur soumettre
cette condamnation, elle ne serait jamais ratifiée. Alors,
Messieurs, ne pouvant plus corrompre la nation sur ce
point, ils cherchèrent à se corrompre en quelque sorte
entre eux ; ils travaillèrent à réunir dans leur sein, en
faveur de leur opinion, un nombre prédominant de
suffrages ; et ils y parvinrent. Ce fut *le 15 janvier* qu'ils
posèrent et agitèrent cette question fameuse : *Le juge-*

ment de la Convention nationale contre Louis, sera-t-il soumis à la ratification du peuple ?

» Pendant que cette question s'agitait, on avait l'espérance que la nécessité de la ratifica.ion du peuple pourrait être admise. Les défenseurs du Roi au moins, trompés par leur zèle, avaient eux-mêmes cette opinion ; le Roi la partageait aussi avec eux. Ce monarque infortuné me chargea même alors de faire un mémoire pendant la nuit, et au moment où l'on procédait à l'appel nominal sur cette question, pour pouvoir l'adresser sur-le-champ aux assemblées primaires dès qu'elles seraient réunies. Je fis ce mémoire, Messieurs.... ; mais le lendemain, le résultat de l'appel nominal fut connu, et toute la France apprit que 284 voix seulement s'étaient élevées en faveur du droit qu'on était forcé de lui reconnaître, que 424 voix avaient rejeté son intervention. Ainsi se consomma, contre la nation, ce crime particulier qui devait conduire au crime plus épouvantable encore d'une condamnation sans appel contre le plus juste, le plus vertueux et le meilleur des Rois que le ciel eût jamais peut-être montré à la terre.

» Je n'ai pas la force, Messieurs, de vous en dire davantage : ces détails ne font que rouvrir et creuser encore dans mon cœur une plaie malheureusement trop profonde, et qui saignera toute ma vie ; mais je n'ai pas cru devoir vous dissimuler une circonstance si mémorable, et qui vient si naturellement à l'appui de la mesure d'expiation qui vous est proposée par la Chambre des Députés. Cette Chambre, messieurs, a eu la douloureuse et touchante initiative de cette mesure, et c'était à elle qu'elle appartenait, comme il vous appartient à vous, messieurs, de l'accueillir, et au Roi de la consacrer. Vous voyez à présent combien elle est nécessaire : il est temps enfin que ce grand témoignage de la révolte secrète de la nation contre le plus exécrable des parricides, ce témoignage qui a existé jusqu'ici sans être connu, et qui sera revendiqué par l'histoire, éclate aux yeux de l'Europe. Il faut que l'Europe, il faut que le Monde sache jusqu'à quel point le peuple français a été innocent de ce forfait dont la mémoire ne peut plus périr. Il faut que la justice des siècles rejette avec indignation sur les seuls coupables le poids tout entier de cet attentat monstrueux qui sans doute, pour l'honneur de l'espèce humaine, n'aura plus d'exemple. Tel est aussi, messieurs, l'objet de ce deuil universel, qu'on vous propose pour le 21 janvier, et ce deuil, en même temps qu'il éternisera le souvenir du crime pour servir de leçon à tous les peuples de la terre, éternisera aussi l'horreur qu'il a inspirée à la nation française, l'indestructible douleur qu'elle en conserve, et qu'elle conservera tant qu'elle existera comme nation, son respect devenu encore, depuis cette funeste époque, plus profond pour la royauté, devenue elle-même, pour elle, un plus grand besoin, le culte qu'elle a voué à jamais à la mémoire du plus saint des Rois, et enfin son amour, son dévouement, sa vénération, sa reconnaissance pour ce prince adoré qui, après tant de calamités, de crimes, de désastres, a eu le généreux courage de se charger de nos destinées, et à qui la Providence accordera, il faut l'espérer, le bonheur de les accomplir.

» Je vote pour la résolution de la chambre des députés. »

La chambre a ordonné l'impression du discours ; et M. le comte *de la Tour du Pin* a
demandé que l'orateur fût nommé dans le procès-
verbal, contre l'usage reçu, parce que l'autorité
de M. *de Sèze* doit servir de témoignage à la
nation dans la postérité.

TESTAMENT

De S. M. MARIE-ANTOINETTE D'AUTRICHE,
*Reine de France et de Navarre, morte
martyre le* 16 *octobre* 1793, *contenu dans
la dernière lettre qu'elle écrivit à S. A R.
Madame* ELISABETH, *sœur de* LOUIS XVI,
*miraculeusement conservé, et trouvé parmi
les papiers du régicide* Courtois.

C'est à vous, ma sœur, que j'écris pour la
dernière fois.

Je viens d'être condamnée, non pas à une
mort honteuse (elle ne l'est que pour les cri-
minels), mais à rejoindre votre frère. Comme
lui innocente, j'espère montrer la même fermeté que lui dans ses derniers momens. Je suis
calme comme on l'est quand la conscience ne
reproche rien.

J'ai un profond regret d'abandonner mes

pauvres enfans. Vous savez que je n'existais que pour eux et vous, ma bonne et tendre sœur, vous qui avez par votre amitié tout sacrifié pour être avec nous. Dans quelle position je vous laisse!

J'ai appris dans le plaidoyer même du procès, que ma fille était séparée de vous. Hélas! la pauvre enfant! je n'ose pas lui écrire; elle ne recevrait pas ma lettre. Je ne sais pas même si celle-ci vous parviendra.

Recevez pour eux deux ici ma bénédiction. J'espère qu'un jour, lorsqu'ils seront plus grands, ils pourront se réunir à vous, et jouir en entier de vos tendres soins.

Qu'ils pensent tous deux à ce que je n'ai cessé de leur inspirer, que les principes et l'exécution exacte de ses devoirs sont les premiers biens de la vie; que leur amitié et leur confiance mutuelle en feront le bonheur.

Que ma fille sente qu'à l'âge qu'elle a, elle doit toujours aider son frère par les conseils que l'expérience qu'elle a de plus que lui et son amitié pourront lui inspirer.

Que mon fils, à son tour, rende à sa sœur tous les soins, tous les services que l'amitié peut inspirer.

Qu'ils sentent que, dans quelque position qu'ils puissent se trouver, ils ne seront vraiment heureux que par leur union.

Qu'ils prennent exemple de nous. Combien, dans nos malheurs, votre amitié nous a donné de consolations! Et dans le bonheur, on jouit doublement quand on le partage avec un ami; et où en trouver de plus tendres que dans sa propre famille?

Que mon fils n'oublie jamais les derniers mots de son père, que je lui répète expressément: *Qu'il ne cherche jamais à venger notre mort!*

J'ai à vous parler d'une chose bien pénible à mon cœur; je sais combien cet enfant doit vous avoir fait de peine : pardonnez-lui, ma chère sœur; pensez à l'âge qu'il a, et combien il est facile de faire dire à un enfant ce qu'on veut, et même ce qu'il ne comprend pas.

Un jour viendra où il n'en connaîtra que mieux tout le prix de votre bonté et de votre tendresse pour tous deux.

Il me reste à vous confier ma dernière pensée; j'aurais voulu vous écrire dès le commencement du procès : mais, outre qu'on ne me laissait pas écrire, la marche en a été si rapide, que je n'en aurais réellement pas eu le temps.

Je meurs dans la religion catholique, apostolique et romaine, dans celle de mes pères, dans celle où j'ai été élevée, et que j'ai toujours professée.

N'ayant aucune consolation spirituelle à attendre, ne sachant pas s'il existe encore ici des prêtres de cette religion, et même *le lieu où je suis les exposant trop, s'ils y entraient une fois*, je demande sincèrement pardon à Dieu de toutes les fautes que j'ai pu commettre depuis que j'existe. J'espère que dans sa bonté, il voudra bien recevoir mes derniers vœux, ainsi que ceux que j'ai faits depuis long-temps, pour qu'il veuille bien recevoir mon âme dans sa miséricorde et sa bonté.

Je demande pardon à tous ceux que je connais, et à vous, ma sœur, en particulier, de toutes les peines que, sans le vouloir, j'aurai pu vous causer.

Je pardonne à tous mes ennemis le mal qu'ils m'ont fait.

Je dis ici adieu à mes tantes et à tous mes frères et sœurs. J'avais des amis ; l'idée d'en être séparée pour jamais, et leurs peines, sont un des plus grands regrets que j'emporte en mourant. Qu'ils sachent du moins que, jusqu'à mon dernier moment, j'ai toujours pensé à eux.

Adieu, ma bonne et tendre sœur. Puissé-je mériter vos regrets. Pensez toujours à moi. *Je vous embrasse de tout mon cœur, ainsi que ces bons et chers enfans. Mon Dieu ! qu'il est* déchirant de les quitter pour toujours !

Adieu ! adieu ! je ne vais plus m'occuper que de mes devoirs spirituels. Comme je ne suis pas libre dans mes actions, on m'amènera peut-être un prêtre : mais je proteste que je ne lui dirai pas un mot, et que je le regarderai comme un être absolument étranger.

Signé, MARIE-ANTOINETTE.

Adresse de la Chambre des Pairs au ROI, *à l'occasion de la communication faite par* SA MAJESTÉ *du testament de* la Reine MARIE-ANTOINETTE.

Monseigneur le Chancelier, président de la Chambre des Pairs, a adressé la parole à S. M. en ces termes :

« SIRE,

» Votre Chambre des Pairs, profondément touchée de la communication que V. M. a daigné lui faire, aurait voulu pouvoir s'affranchir des formes que votre sagesse a prescrites, pour porter sans délai au pied du trône, l'hommage de sa respectueuse reconnaissance.

» L'horreur et l'admiration se sont confondues à la lecture de cet écrit miraculeusement conservé, qui peint si bien la grande âme et le caractère héroïque de S. M. la Reine *Marie-Antoinette*, victime innocente du plus épouvantable attentat; elle est toute entière à son Dieu et à sa royale famille : quel merveilleux courage ! quelle angélique résignation dans l'emploi de ses derniers momens !

» Comme elle est sublime, quand elle trace d'une main ferme ses dernières pensées ! pensées d'inquiétude et de tendresse pour ses enfans, de bienveillance et d'affection pour ses amis ! pensées que notre religion sainte, et la mémoire du Roi-martyr, ont pu seules inspirer ; pensées d'indulgence et de pardon pour ses bourreaux. Leur audace impie n'a pas osé détruire ce précieux monument de la plus haute vertu ; c'est au moment où le crime, trop long-temps impuni, commence enfin l'expiation de sa nouvelle révolte, qu'il est forcé par la Providence de restituer à sa royale victime cet ancien titre de gloire, qui devient pour elle un nouveau gage d'immortalité, et pour la France entière un nouveau sujet d'éternelle admiration.

» Vos fidèles sujets, les pairs de France, ne peuvent trop remercier V. M. d'avoir daigné les associer à des émotions qu'ils étaient dignes de partager ; nous saisissons avec empressement cette occasion d'adhérer de cœur et d'âme aux sentimens exprimés, comme au serment prononcé par la chambre des députés, relativement au crime du 21 janvier.

» On peut nous égaler, Sire, mais on ne nous surpassera jamais en véritable dévouement, en respect pour votre personne, en fidélité pour votre auguste dynastie.

» Nous supplions V. M. de permettre que le nom de la chambre des pairs ne soit pas oublié sur les monumens qui serviront à éterniser le deuil et les regrets de la France. »

8*

Le Roi a répondu :

« Je suis fort touché des sentimens que vous
» m'exprimez au nom de la chambre des Pairs ;
» en lui donnant communication de la pièce qui
» m'a le plus ému dans ma vie, j'ai voulu lui
» faire partager la douleur et l'admiration qu'elle
» a excitées dans mon âme.

» Je reçois avec plaisir le désir que vous m'ex-
» primez de voir vos noms gravés sur l'airain qui
» doit attester à jamais nos regrets et notre vé-
» nération ; c'est ainsi que vous pouvez le mieux
» me prouver votre attachement. »

La grande députation de la Chambre des Pairs, d'après
la permission demandée au Roi par Mgr. le Chancelier,
s'est ensuite rendue chez MADAME, duchesse d'Angou-
lème, conduite et présentée comme elle l'avait été
chez S. M.

Mgr. le chancelier s'est exprimé ainsi :

« Madame,

» Le Roi permet à la grande députation de la Chambre des Pairs de venir auprès de V. A. R., bénir avec
elle les bienfaits de la Providence qui restitue à notre
vénération un des plus beaux titres de gloire de S. M.
votre auguste mère.

» Nous retrouvons dans cette pièce mémorable la
source féconde des hautes vertus dont nous possédons
avec orgueil la vivante image.

† » Cet écrit sublime nous offre aussi le principe de cette union touchante qui fit la consolation , comme elle fait aujourd'hui le bonheur de votre auguste famille.

» Puisse, Madame, cette grande Reine qui préparait nos destinées , quand elle s'occupait si tendrement des vôtres , accueillir du haut du ciel l'hommage de respect et d'admiration que la Chambre des Pairs aime à rendre à sa mémoire ! »

Madame a répondu :

« Je reçois avec émotion l'assurance des sen-
» timens de la Chambre des Pairs; je remercie le
» Roi de lui avoir permis de me les exprimer ,
» je le remercie aussi d'avoir ordonné la publi-
» cation d'une pièce que tous les Français ver-
» ront avec sensibilité. »

Adresse de la Chambre des Députés au Roi, *à l'occasion de la communication faite par* Sa Majesté *du testament de* la Reine Marie-Antoinette.

« Sire,

» Après la profonde douleur que nous a causée la communication que V. M. a daigné faire à la Chambre , notre première pensée est d'admirer la Providence qui a permis au temps de nous révéler les derniers sentimens de notre Reine. Pourquoi faut-il que la tombe seule soit inexorable , et retienne à jamais l'auguste victime que nous pleurons ! Mais non, elle n'est pas pour nous morte toute entière : son âme religieuse et royale s'est répandue dans cette lettre qui semble ajouter quelque chose au testament qui vous a légué des vertus plus qu'héroïques, parce qu'elles sont chrétiennes.

» Nous vous remercions, Sire, du don que votre bonté fait à chacun de nous de la lettre dont l'art reproduit les traits originaux, mais où notre âme découvre bien mieux l'image du cœur de Marie - Antoinette, reine de France et de Navarre. Nous la transmettrons, cette lettre, en héritage à nos enfans ; elle leur apprendra qu'il est des vertus supérieures aux égaremens des siècles, et que la religion qui inspire ces vertus, est dans le cœur des Rois le gage le plus sûr du bonheur des peuples. »

Le Roi a répondu en ces termes :

« Je suis sensible aux sentimens que m'exprime la Chambre des Députés, à l'occasion de la communication que je lui ai faite. Aucun événement ne m'a plus profondément touché que cette découverte. J'en rends grâce à la Providence qui a voulu révéler les vertus de celle dont je fus le sujet, le frère, et, j'ose dire, l'ami. Je suis sûr que chacun de vous conservera avec soin le présent que je lui fais, et le transmettra à nos neveux ; et comme nous, ils rendront justice à celle à qui elle fut si peu rendue de son vivant. »

La députation ayant obtenu de S. M. la permission

de présenter à S. A. R. Madame, les hommages de la Chambre, le président de la Chambre a dit :

« Madame,

» Le Roi vient de nous permettre d'exprimer à V. A. R. les sentimens qu'a fait naître la lettre de votre auguste mère. Ces nobles caractères ont réveillé en nous la vive douleur que le temps a fait taire sans l'affaiblir ; mais cette douleur se tempère à la vue de V. A. R. Nous nous disons que Marie-Antoinette revit en Marie-Thérèse ; ce sont les mêmes vertus, c'est le même courage ; et en voyant briller en vous, Madame, les sentimens religieux de deux princesses, les cœurs apaisés se rouvrent à l'espérance et aux consolations.

MADAME a répondu :

« Je suis vivement touchée de votre démarche.
» Les souvenirs que me rappelle la lettre mira-
» culeusement conservée et écrite par une main
» si chère, me causent une émotion trop grande
» pour répondre comme je le voudrais à votre
» empressement. »

Au moment où les députés se retiraient, MADAME a ajouté : « Je n'ai pas voulu faire at-
» tendre votre députation ; je serai toujours la
» même pour la Chambre des Députés. »

On lira sans doute avec le plus vif intérêt l'extrait suivant d'une lettre de Madame la Princesse *de Chimay*, dame d'honneur de *la Reine* MARIE-ANTOINETTE.

« Je ne peux terminer ces notes d'une manière plus glorieuse pour Dieu, plus consolante pour les amis de la religion, qu'en racontant ce qui se passa à la Conciergerie lorsque *la Reine* y fut entrée.

» Une nommée mademoiselle *Foucher*, dont la charité la faisait se dévouer au soulagement des prisonniers, depuis la révolution, redoubla d'intérêt et de zèle, quand elle sut *la Reine* arrivée dans cette maison. Elle fut assez intelligente et assez heureuse pour se procurer des secours qui la mirent en état de gagner les surveillans et de parvenir jusqu'à *la Reine*. Elle y arriva donc, et, malgré l'intérêt, la sensibilité, le dévouement qu'elle témoigna à *Sa Majesté*, elle ne parvint à lui inspirer quelque confiance qu'à la troisième visite qu'elle lui fit. Elle eut le bonheur de lui procurer du linge, des vêtemens, enfin, les soulagemens que comportait la cruelle position de *Sa Majesté*. Mademoiselle *Foucher*, aussi pieuse que bienfaisante, proposa à *la Reine* de lui amener un prêtre : *Sa Majesté* y consentit, et dès qu'elle eut reconnu que le langage et les principes de l'ecclésiastique étaient conformes à son caractère et à son ministère, elle lui donna sa confiance et se confessa plusieurs fois à lui. Ce digne prêtre célébra la messe dans la chambre de *la Reine* : *Sa Majesté* y communia avec une piété et une reconnaissance envers Dieu, telles que les larmes coulaient abondamment de ses yeux. Ainsi, on a du moins la douceur de penser que Dieu lui a accordé des momens de consolation. Une chose admirable, et qui ne doit pas être passée sous silence, c'est que les deux gendarmes qui étaient dans sa chambre, soit qu'ils fussent bons naturellement et qu'ils cachassent leurs sentimens, soit que la piété de *la Reine* les eut touchés, se mirent en état de communier à une des messes qui furent célébrées devant *Sa Majesté* : le prêtre l'atteste (ce prêtre est M. *Magnan*, aujourd'hui attaché à la paroisse Saint-Roch à Paris). Etant alors tombé malade, de manière à ne pouvoir plus quitter son lit, mademoiselle *Foucher*, qui avait déjà donné tant de preuves de zèle et de dévouement à *Sa Majesté*, alla chercher un autre ecclésiastique. Ce fut cet ecclésiastique, appelé M. *Chollet*, qui donna les derniers secours de la religion à *la Reine* la veille de sa mort. Depuis il quitta la France; et il est mort en émigration. »

***

Nous ne pouvons nous dispenser de placer ici l'excellent discours prononcé à la tribune de la Chambre des Députés, dans la séance du 28 décembre 1815, par M. *Hyde de Neuville*, relativement aux dispositions expiatoires, proposées à la Chambre.

« Messieurs, a-t-il dit dans un discours qui paraît avoir produit une vive sensation, le sang des Rois ne coule point impunément. Le 21 janvier ne fut pas seulement un jour de douleur et d'effroi pour la nation française : il consterna tous les peuples civilisés, et devint l'horrible signal des calamités de l'Europe.

» Si de grands troubles, si la tyrannie de Cromwel suivirent le meurtre de Charles Ier, celui de notre vertueux Monarque produisit les massacres de septembre, la terreur de 1793, les gouvernemens factieux qui lui succédèrent, la plus odieuse tyrannie, la honte, l'esclavage, le parjure, enfin, le renversement des autels et le bouleversement de l'Europe.

» Les Rois et les peuples sont solidaires devant Dieu. Les Rois doivent soutenir la légitimité des trônes ; les peuples ne doivent jamais l'ébranler. Malheureusement les Rois et les peuples avaient écouté les séductions perfides, je ne dirai pas de la philosophie, mais du philosophisme corrupteur du siècle. L'irréligion, le mensonge, les idées fausses, spéculatives, les erreurs prétendues libérales, agitaient, troublaient depuis cinquante années tous les esprits, tourmentaient toutes les classes de la société, même les plus élevées.

» Le ciel a voulu, Messieurs, en nous montrant sa force et sa justice, nous rappeler notre faiblesse, et faire rentrer dans la poussière ces pygmées qui, dans leur coupable audace, croyaient s'élever et grandir, en insultant Dieu même. Un grand sacrifice devait seul, Messieurs, expier un déluge d'iniquités ; et le sang le plus pur pouvait seul s'unir à celui de l'Agneau sans tache pour racheter un peuple tout entier.

» Vous désirez, Messieurs, que le 21 janvier soit à jamais pour la France un jour de deuil et d'expiation ; la religion en fera par la suite, n'en doutons pas, un jour d'allégresse. Que son souvenir soit pour tous les peuples une grande, une éternelle leçon ; et qu'un acte solennel, en exprimant les sentimens qui nous animent tous, prouve aux siècles à venir qu'on ne brise jamais en vain les liens de l'ordre social, et que le sang des souverains légitimes, est toujours vengé par celui qui seul a le droit de juger les Rois.

» Je propose que, dans l'inscription, le mot *délivrée* remplace celui *de la France libre* à Louis XVI.

» Je propose en outre l'amendement suivant à l'art. 3 du projet de la commission :

» Art. 3. . . . . . Sur le piédestal de laquelle seront gravés, d'un côté, ces mots :

LA FRANCE DÉLIVRÉE

A

LOUIS XVI.

» Et de l'autre, la déclaration suivante, avec les noms de tous les membres de la chambre qui signeront à l'original :

« En présence de Dieu et des hommes,
» Nous, les députés de la nation française,
» Déclarons, affirmons

» Que cette nation, si long-temps malheureuse et
» captive, n'a point été complice de l'exécrable parricide
» commis le 21 janvier 1793 (jour à jamais de deuil, de
» douleur et d'effroi).

» C'est par le sang de la plus auguste victime que,
» devant Dieu et devant les hommes, nous jurons, pour
» nous, pour nos enfans, pour nos neveux, pour la France,
» que nous représentons, fidélité inébranlable à nos
» Rois légitimes, regardant comme un principe fonda-
» mental et sacré le droit inaliénable, imprescriptible
» d'hérédité, par primogéniture de mâle en mâle, établi
» par Dieu dans la famille de saint Louis, d'Henri IV et
» de Louis XIV.

» Que celui d'entre nous qui trahirait ou parlerait de
» trahir ce serment, soit déclaré infâme et maudit de
» Dieu et des hommes. »

(Suivront les signatures.)

Par suite de ce discours une adresse expiatoire a été adoptée par la Chambre des Députés, signée par chacun d'eux, et présentée au Roi par une députation.

M. *de Marcellus* a aussi proposé de voter un acte solennel de protestation et d'expiation, et a lu un projet d'adresse au Roi, où il exprime, avec autant d'onction que d'énergie, les vrais sentimens de tous les bons Français.

Bel exemple donné par les habitans de Montpellier, de l'abjuration de l'horrible attentat du 21 janvier 1793.

« Nous soussignés, habitans de Montpellier, jurons devant le Dieu tout-puissant et sur son saint Evangile, que n'ayant jamais adhéré, de fait ni de volonté, aux principes impies et séditieux introduits et professés en France par une minorité factieuse, nous regardons la mort du Roi très-chrétien Louis XVI, comme le plus exécrable de tous les crimes ; nous reconnaissons que les fléaux que Dieu a versés sur notre malheureuse patrie, en sont la juste punition, et déclarons que notre plus grand re gret est de n'avoir pu donner jusqu'à la dernière goutte de notre sang pour arrêter le coup fatal qui a fait tomber une tête aussi chère que sacrée. »

Enfin, par ordonnances rendues les 19 janvier et 14 février 1816, le Roi a prescrit l'achèvement de l'Eglise de la Madeleine, pour y placer les monumens expiatoires qui doivent être érigés à Louis XVI, à la reine *Marie-Antoinette*, à Louis XVII et à Madame *Elisabeth*.

Le monument élevé au duc *d'Enghien* sera placé dans l'église du château de Vincennes.

Tous ces monumens seront en marbre blanc, de Carrare.

La statue de Louis XIII sera rétablie sur la place Royale ; celle de Louis XIV, sur la place des Victoires ; celle de Louis XV, sur la place de ce nom.

Ces statues seront équestres et en marbre.

Des mesures avaient été précédemment ordonnées pour le rétablissement de la statue d'Henri IV, sur le terre plein du Pont-Neuf.

Douze statues colossales et quatre trophées formeront la décoration du pont Louis XVI.

Ces statues représenteront :

Bayard et Duguesclin,

Turenne et Condé,

L'abbé Suger et le cardinal de Richelieu,

Sully et Colbert,
Tourville et Duguay-Trouin,
Duquesne et Suffren.

Les artistes désignés pour l'exécution de ces travaux, par le ministre-secrétaire-d'état de l'intérieur, sont MM. :

Dupaty : pour la statue équestre de Louis XIII, et le monument à la reine Marie-Antoinette.

Bosio : pour la statue équestre de Louis XIV, et le monument à Louis XVI.

Cartellier : pour la statue équestre de Louis XV, et la figure de Sainte-Madeleine, destinée à être placée dans l'église.

Lemot : pour la statue équestre d'Henri IV, et le monument à Louis XVII.

Ruxhiel : pour le monument élevé à Mme Elisabeth.

Deseine : pour le monument élevé au duc d'Enghien.

MM. Gérard et Fragonard sont chargés de grands travaux de bas-reliefs.

L'exécution des statues du pont est confiée à MM. Roland, Houdon, Ramey, Bridan, Stouf, Gois fils, Espercieux, Marin, Lesueur, Roguier, Milhomme et Dupasquier.

M. Montpellier est chargé de l'exécution des trophées.

FIN.

TABLE

DES MATIÈRES.

FIN DE LA TABLE.

www.ingramcontent.com/pod-product-compliance
Ingram Content Group UK Ltd.
Pitfield, Milton Keynes, MK11 3LW, UK
UKHW020307130726
13696UKWH00003B/930